기탄잘리

이 시집은 Filiquarian 출판사에서 출간한 영문 시집 『기탄잘리*Gitanjali*』를 번역한 것이다. 영문판에는 번호가 없이 하이픈으로 되어 있지만 옮긴이가 번호를 붙였다.

기탄잘리

라빈드라나트 타고르
김병채 옮김

슈리 크리슈나다스 아쉬람

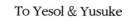

To Yesol & Yusuke

차례

1. 예이츠 서문

1.

며칠 전 나는 인도 벵골 출신의 한 유명한 의사에세 말했다.

'나는 독일어는 하나도 모릅니다. 그러나 어떤 독일 시인의 작품이 나를 감동시켰다면 나는 영국 박물관으로 가서 그의 삶과 그의 사상사에 대해 말해줄 수 있는 영어로 된 책들을 찾아볼 것입니다. 하지만 라빈드라나트 타고르의 이 시 번역들이 수년 동안 어떤 것도 하지 못했던 나의 영혼을 자극했습니다만, 인도에서 온 한 여행자가 나에게 말해주지 않았다면 나는 그의 삶과 그 시들을 가능하게 만들었던 생각의 움직임에 대한 어떤 것도 알지 못했을 것입니다.'라고 말했다.

그러자 그 의사는 내가 감동을 받는 것이 당연하다는 듯 말했다.

'나는 라빈드라나트의 시를 매일 읽는데, 그의 글을 한 줄 읽으면 세상의 모든 괴로움을 잊게 됩니다.'

나는 말했다.

'리차드 2세가 통치하던 시대에 런던에 살고 있는 한 영국인이 페트라르카나 단테의 번역물을 보았다면, 그는 자신의 물음에 대답해줄 책을 찾지 못하겠지만, 내가 당신에게 묻는 것처럼 나는 플로렌스의 은행가나 롬바르디아의 상인에게 질문할 것입니다. 내가 아는 바로는 이 시가 아주 풍성하면서 소박하니, 새로운 르네상스가 당신의 나라에서 생겨났으며, 나는 전해 듣지 않고서는 그것에 대해 결코 알지 못할 것입니다.'

그가 대답했다.

'다른 많은 시인들이 있지만, 그에 필적할만한 이는

아무도 없습니다. 우리는 이 시대를 라빈드라나트의 시대라고 부릅니다. 우리에게 있어 그가 그렇게 유명한 것만큼 그 정도로 유명한 시인이 유럽에는 없는 것 같습니다. 그는 시만큼이나 음악에 있어서도 대단한 사람입니다. 그의 노래는 인도의 서부에서부터 버마에까지 벵골어를 쓰는 어디에서나 불립니다. 그는 첫 소설을 썼던 열아홉 살에 이미 유명했습니다. 그리고 그가 나이가 조금 더 들었을 때 쓴 연극은 지금도 캘커타에서 공연됩니다. 나는 그의 삶의 완전성에 매우 감탄합니다. 젊었을 때 그는 자연에 대해 많이 썼으며 하루 종일 정원에 앉아 있곤 했습니다. 25세가량에서 아마도 35세 정도까지 아주 큰 슬픔에 빠져 있었을 때, 그는 우리의 언어로 된 가장 아름다운 사랑의 시를 썼습니다.'

그 말을 하고 난 뒤 그 벵골인 의사는 감상에 빠져 말했다.

'내가 열일곱 살 때 그의 사랑의 시에 영향을 받은 것은 말로는 표현할 수가 없습니다. 그 이후 그의 작품은 더욱 심오해져서, 신앙적이고 냉철해졌습니다. 인류의 모든 영감은 그의 찬가 속에 들어있습니다. 그는 삶을 부정하지 않고 삶 그 자체를 이야기한 우리의 성인들 중의 최초의 사람입니다. 그것이 바로 우리가 그를 사랑하는 이유입니다.'

그가 잘 고른 단어들을 기억에서 내가 바꿨을 수는 있지만 그의 생각을 바꾸지는 않았다.

'얼마 전에 그는 우리 교회들 중 하나에서 신성한 예배 의식을 이끌기로 되어 있었습니다. 브람마 사마지의 일원인 우리도 당신들의 영어 단어 'church'를 사용합니다. 그 건물은 캘커타에서 가장 컸습니다. 사람들로 붐볐을 뿐 아니라, 거리는 몰려든 사람들로 인해 통행할 수가 없을 지경이었습니다.'

다른 인도인들도 나를 보러 왔지만 이 사람을 향한 그들의 숭배는, 크고 작은 일들을 명백한 희극과 반쯤

심각한 평가절하라는 똑같은 베일 아래 숨기는 우리 세계에서는 이상하게 들렸다. 대성당을 짓고 있을 때, 우리는 우리의 위대한 자들에 대한 숭배 같은 것을 가졌던가?

한 인도인은 나에게 말했다
'내가 그것을 봤기 때문에 알고 있습니다. 매일 아침 세 시에 그는 명상에 잠겨 움직이지 않고 앉아서, 두 시간 동안 신의 본성에 대한 묵상에서 깨어나지 않습니다. 그의 아버지, 마하리쉬는 어떤 때는 다음 날까지 그곳에 앉아 있곤 했습니다. 한 번은 강에서 아름다운 풍경 때문에 깊은 명상에 빠졌는데 뱃사공들은 여정을 계속할 수 있기 위해 여덟 시간 동안 기다려야 했습니다.'

그런 다음 그 인도인은 나에게 타고르의 가족과, 어떻게 몇 대에 걸쳐 위대한 사람들이 그 발상지로부터 나왔는지에 대해 나에게 말했다.

'예술가인 고고넨드라나트와 아바닌드라나트 타고르가 있고, 위대한 철학자인 라빈드라나트의 형, 드위젠드라나트가 있습니다. 나뭇가지에서 내려 온 다람쥐들이 그의 무릎으로 기어 올라가고, 새들은 그의 손으로 날아가 앉습니다.'

이 사람들의 사상 속에는 니체의 신조를 신봉하듯 눈에 보이는 아름다움과 의미에 대한 감각이 있었다. 의식을 알아차린다. 니체의 신조는 물리적인 사물들에 깊은 인상을 남기지 않는 윤리적인 아름다움이나 지적인 아름다움을 믿어서는 안 된다는 것이다.

나는 말했다,

'동양에서는 어떻게 집안을 명문으로 유지하는지 당신은 알고 있습니다. 하루는 박물관의 큐레이터가 중국어 인쇄물을 정리하고 있던 피부색이 약간 검은 한 남자를 가리키며 "저 사람은 일본 황실에서 일하고 있는 미술 감정가인데, 그 집안의 14대째 사람입니다."라고

말했습니다.'

그는 대답했다,
'라빈드라나트가 어렸을 때, 그의 집 안은 온통 문학과 음악이었습니다.'

나는 시들의 풍성함과 소박함에 대해 생각하고는 말했다.
'당신의 나라에는 선동하는 글, 비평이 많이 있습니까? 우리에게는, 특히 우리나라에는 그런 것이 너무 많아서 우리의 마음은 점차 덜 비판적이 되긴 하지만, 그럼에도 불구하고 우리는 그 점에 대해서는 어쩔 도리가 없습니다. 만약 우리의 삶이 끊임없이 싸우지 않는다면, 우리는 무엇이 아름다운 것인지 식별하지 못할 것이며, 우리는 청중과 독자들을 찾을 수 없을 것입니다. 우리 에너지의 5분의 4는, 우리의 마음에서든 다른 이들의 마음에서든 악취미와 싸우는 데 허비되고

있습니다.'

　그는 대답했다.

　'이해합니다, 우리에게도 선동하는 글이 많이 있습니다. 마을에서는 중세 산스크리트 경전에서 가져온 긴 신화 시들을 암송하는데, 그들은 종종 사람들에게 자신의 본분을 다해야 한다는 훈계의 구절들을 집어넣습니다.'

2.

　나는 이 번역물들의 사본을 며칠 동안 가지고 다니면서 기차에서 또는 이층버스 위층과 식당에서 읽었는데, 그것이 얼마나 나를 감동시켰는지를 낯선 사람들이 알아채지 못하도록 종종 그것을 덮어야만 했다. 나의 인도 친구들이 얘기해 주는 바로는, 이 노랫말들 원문에서는 절묘한 리듬, 번역으로는 옮길 수 없는 섬세한 빛깔과 독창적인 운율로 넘친다고 한다. 이 시들은 최상의 문화의 산물이지만 그럼에도 불구하고 들풀이나 골풀이 그렇듯 평범한 토양에서 자란 식물인 것처럼 보인다. 시와 종교 사이의 구분이 존재하지 않는 전통이 이어져 오면서, 세련되거나 다소 투박한 정서들이 하나로 모였으며, 이것은 다시 고매한 사람들과 지식층의 사상들을 일반 대중에게 전해주는 역할을 한다. 만약 벵골 문명이 무너지지 않고 계속된다면, 그리고 만약 하나의 신성처럼 모두의 안에 흐르고 있는 그 하나된 공통의 마음이 지금의 우리 마음처럼 수십 개의 마음으로 쪼개어지지 않는다면, 이 시들 속에 담긴 가장 섬세한 어떤 것들은 심지어 몇 세대 후의 모든 사람들에게 전해질 것이다. 길 위의 거지들에게 까지도.

영국에서도 오로지 하나의 정신만이 존재했을 때, 초서Chaucer는 그의 트로일루스Troilus와 크레시다Cressida를 썼다. 그는 사람들에게 읽힐 수 있는 시, 혹은 낭송

할 수 있는 시들을 썼다고 생각했는데, 우리의 시대가 빠른 속도로 오고 있었기 때문에, 그의 글은 잠시 동안만 음유시인들에 의해 노래되었다.

초서의 선구자들처럼 라빈드라나트 타고르는 그의 시에 음악을 불어넣었다. 그는 전혀 낯설거나 부자연스러워 보이거나 무엇을 반박하기 위하여 글을 쓰지 않았기에, 사람들은 언제나 그가 매우 풍요로운 시인이며 아주 자연스럽고 너무나 대담하고 자신의 열정을 표현하고 있음을 알게 된다.

이런 시들은 숙녀들의 테이블 위에 놓이는 멋지게 인쇄된 소책자들에는 실리지 않을 것이다. 그들은 무의미한 삶에 대해 한숨을 내쉬기 위해 게으른 손으로 책장을 넘긴다. 무의미함이 그들이 삶에 대해 알 수 있는 모두 일 것이다. 또한 이 시들은 대학생들이 학창 시절에 지니고 다니다가 사회생활이 시작될 때 한쪽으로 치울 그런 것이 아니다. 오히려 세월이 흐를수록 여행자들은 길 위에서, 배를 젓는 사람들은 배 위에서 그것들을 흥얼거리게 될 것이다. 사랑하는 연인들은 서로를 기다리는 동안에 이 시들을 중얼거릴 것이다. 그리고 신에 대한 이 사랑의 시편들이 자신들의 더 쓰라린 열정을 담아 젊음을 회복할 수 있는 마법의 바다임을 알게 될 것이다. 매 순간 이 시인의 가슴은 펌하하거나 머뭇거림이 없이 이들을 향해 흘러간다. 왜냐하면 그는 그들이 이해해 주리라는 것을 알고 있었고 그리고 그들이 그들 삶의 삶으로 자신을 가득 채워졌다는 것을 알았기 때문이다.

흙먼지가 눈에 띄지 않도록 적갈색 옷을 입은 여행자, 고귀한 신분의 연인의 화환에서 떨어진 꽃잎을 찾으려고 침대를 살펴보고 있는 소녀, 빈 집에서 주인이 집으로 돌아오기를 기다리는 하인이나 신부, 이들은 신에게로 향한 마음의 이미지들이다. 꽃과 강, 소라고둥을 부는 것, 7월의 인도에 내리는 폭우는 합일 혹은 분리의 마음의 감정을 나타내는 이미지들이다. 중국 그림에 등장하는 신비로움으로 가득 찬 그런 인물들처럼, 강에 배를 띄우고 류트를 연주하며 앉아 있는 사람은 신 자신이다.

우리에게는 헤아릴 수 없을 만큼 낯선 모든 사람들, 모든 문명이 이 상상에 자리 잡고 있는 것처럼 보인다. 하지만 우리가 감동하는 것은 그 기이함 때문이 아니라, 마치 우리가 그 로세티의 버드나무 숲을 걷기라도 하는 것처럼 우리 자신의 모습을 그 안에서 만나기 때문이다. 또는 마치 꿈속에서 듣는 것처럼 이 문학 작품에서 최초로 우리 자신의 목소리를 듣기 때문일 것이다.

르네상스 이후로 유럽 성인들의 글은, 그들의 비유와 그들 사상의 보편적 구조가 우리에게 아무리 친숙하다 해도, 우리의 주목을 끌지 못하고 있다. 우리는 결국에는 세상을 떠나야 한다는 것을 알고 있고, 지쳐 있거나 환희의 순간에 스스로 죽음의 선택을 생각하는 것이 버릇이 되어 있다.

그러나 그처럼 많은 시를 읽고, 그처럼 많은 그림을 보았으며, 그처럼 많은 음악을 들은 우리가 어떻게, 육체의 울부짖음과 영혼의 울부짖음이 하나처럼 보이는 그곳에, 매몰스럽고도 무례하게 그것을 버릴 수 있겠는가? 스위스 호수의 아름다움에 눈길이 머물지 않게 하려고 눈을 가린 St. Bernard, 혹은 계시록의 강렬한 미사여구 사이에 우리는 무슨 공통점을 가지고 있는가? 어쩌면 우리는 이 시집에서 정중함이 가득 담긴 말들을 찾을 것이다.

'저는 떠날 허락을 얻었습니다. 형제들이여 작별 인사를 해 주십시오! 저는 그대들 모두에게 절을 하고 저의 길을 떠납니다. 여기에 제 집 문의 열쇠를 돌려드립니다. 그리고 저는 제 집에 대한 모든 권리를 포기합니다. 저는 단지 그대들로부터 마지막 친절의 말을 청합니다. 우리는 오랫동안 이웃이었으나, 저는 줄 수 있는 것보다 더 많은 것을 받았습니다. 이제 날이 밝았고 제 어두운 모퉁이를 밝혀 주던 등불이 꺼졌습니다. 부름이 당도했고 저는 제 여행을 할 준비가 되었습니다.'

'그리고 제가 이 삶을 사랑하기에, 저는 죽음까지도 사랑할 것임을 안다'라고 외치는 것이 켐피스^{Kempis}나

십자가의 요한으로부터 가장 멀리 있을 때의 우리의 심정이다. 그러나 이 시집이 통찰하고 있는 모든 것은 단지 이별에 대한 우리의 생각들만이 아니다. 우리는 자신이 신을 사랑했다는 것을 알지 못했고, 거의 그를 믿지 않았는지도 모른다.

그러나 우리의 삶을 되돌아보면, 숲의 오솔길을 헤쳐 나오는 데서, 산의 외로운 곳들에서 기쁨을 느끼면서, 사랑하는 여인에 대해 헛되이 늘어놓는 신비한 주장에서, 이 은밀한 감미로움들이 어디에서 비롯되었는지를 발견한다.

'당신께서는 초대하지 않았는데도 제가 알지 못하는 평범한 무리들 중의 한 명으로, 저의 마음 안에 들어왔습니다. 저의 왕이시여, 당신께서는 제 삶의 수많은 덧없는 순간들에 영원이라는 도장을 찍었습니다.'

이것은 수도자들이 지내는 독방과 그들이 스스로에게 가하는 채찍이 보여주는 신성함은 더 이상 아니다.

말하자면 먼지와 햇빛을 그리는 화가의 더 강렬한 감정에 이끌려 올라갈 때 느끼는 신성함이다. 그리하여 우리는 우리의 폭력적인 역사에서 매우 이질적으로 보였던 성 프란체스코나 윌리엄 블레이크와 같은 닮은 목소리를 발견한다. 우리는 어떤 일반적인 형식에 익숙해져 있고, 자신감을 가지고 있기 때문에 글 쓰는 것을 하나의 즐거움으로 만드는 요소라곤 하나도 없는 긴 책을 쓰고 있는 지도 모른다. 마치 우리가 싸움을 하고 돈을 벌고 머릿속을 정치로 가득 채우는 온갖 바보짓을 하고 있듯이.

하지만 타고르는 인도 문명이 그렇듯이 영혼을 발견하고 자신을 그 자연스러움에 내어주는 것에 만족했다. 그는 종종 세상의 유행을 따르는 것을 사랑하고, 세상의 일에 더 무게를 두는 사람들의 삶과 자신의 삶을 종종 대비시키는 것 같다. 그리고 항상 겸손하게 자신에게 그런 길이 자신에게만 최선이라는 겸손한 자세를 언제나 잃지 않는 것처럼 보인다.

'집으로 돌아가는 사람들은 저를 쳐다보고 미소 짓습니다. 그것은 저를 부끄럽게 합니다. 저는 구걸하는 소녀처럼 제 옷자락을 끌어당겨 얼굴을 가립니다. 제가 원하는 것이 무엇인지 사람들이 물으면 저는 시선을 떨구고 그들에게 대답을 하지 못합니다.'

또 어느 때는 자신의 삶이 한때는 다른 모습이었음을 기억하고 이렇게 말할 것이다.

'저는 선과 악의 갈등으로 아주 많은 시간을 보냈습니다. 그러나 이제는 비어있는 날들의 제 놀이친구가 제 마음을 그에게 끌어 당기는 것이 즐거움입니다. 그리고 저는 왜 이토록 갑자기 쓸모없고 엉뚱한 세계로 불려 나온 이유를 알지 못합니다.'

다른 문학 작품에서는 발견할 수 없는 순수함과 단순함 때문에 아이들이 그러하듯이 그는 새들과 나뭇잎들과 아주 친밀해 보인다. 그리고 계절의 변화들을 굉장한 사건들로 바라본다. 마치 그것들과 우리 사이에 생각들이 일어나기 이전처럼. 어떤 때는 나는 그가 벵골 문학이나 종교에서 그것을 가져온 건 아닌지 궁금할 때가 있고, 또 어떤 때는 그의 형의 손으로 날아드는 새들을 기억하면서, 그것이 유전적이고, 트리스탄^{Tristan}이나 펠라노어^{Pelanore} 같은 이들의 정중함처럼 수 세기에 걸쳐 커져가고 있는 신비라고 생각하는 것에서 즐거움을 찾는다. 실제 그가 어린아이들에 대해 이야기할 때, 이 특징은 너무나도 그의 일부분인 것처럼 보여서, 그가 성인들에 대해 얘기하고 있지 않다고 확신할 수는 없다.

'아이들은 모래로 집을 짓고 빈 조개껍질을 가지고 놉니다. 말라버린 나뭇잎으로 아이들은 배를 엮고는 미소를 지으며 드넓고 깊은 바다로 그것들을 띄웁니다. 아이들이 세계의 해변에서 놀이를 합니다. 아이들은 헤엄칠 줄도 모르며, 그들은 그물 던지는 법도 모릅니다.

진주 조개잡이는 진주를 캐러 물속으로 뛰어들고, 상인들은 배를 타고 항해를 하지만, 아이들은 조약돌을 모았다가 다시 그것들을 흐트러뜨립니다. 아이들은 숨겨진 보물을 찾지도 않으며, 그물 던지는 법도 모릅니다.'

W.B. YEATS, September 1912

W.B. 예이츠, 1912년 9월

2. Gitanjali

1

Thou has made me endless, such is thy pleasure. This frail vessel thou emptiest again and again, and fillest it ever with fresh life.

This little flute of a reed thou hast carried over fills dales, and hast breathed through it melodies eternally new.

At the immortal touch of thy hands my little heart loses limits In joy and gives birth to utterance ineffable.

Thy infinite gifts come to me only on these very small hands of mine. Ages pass, and still thou pourest, and still there is room to fill.

2. 기탄잘리

1

당신께서는 저를 영원하도록 만드셨습니다. 그것이
당신의 기쁨이십니다. 이 여린 그릇을 당신께서는 비우
시고 또 비우시어, 그것을 늘 새로운 생명으로 채우십
니다.

당신께서는 이 작은 갈대 피리를 산으로 계곡으로
지니고 다니셨고, 그것을 통하여 영원히 새로운 선율을
불어넣으셨습니다.

당신의 불사의 손길에 닿으면 저의 어린 가슴은 기
쁨으로 터지고, 형언할 수 없는 소리를 만들어냅니다.

당신의 무한한 선물은 저의 이 아주 작은 두 손을 통
해서만 제게 전해져 옵니다. 세월이 흘러도, 당신께서는
여전히 부어주시는데, 아직도 채우실 자리가 있습니다.

2

*

When thou commandest me to sing it seems that my heart would break pride: and I look to thy face, and tears come to my eyes.

All that is harsh and dissonant in my life melts into one sweet harmony - and my adoration spreads wings like a glad bird on its flight across the sea.

I know thou takest pleasure in my singing, I know that only as a singer I come before thy presence.

I touch by the edge of the far spreading wing of my song thy feet which I never aspire to reach.

Drink with the joy of singing I forget myself and call thee friend who are my lord.

2

당신께서 제게 노래하라 명하실 때 제 가슴은 자랑스러움으로 터질 것만 같습니다. 제가 당신의 얼굴을 바라볼 때면, 제 눈엔 눈물이 맺힙니다.

제 삶의 거슬리고 조화롭지 못한 모든 것들은 하나의 감미로운 가락으로 녹아듭니다. 그리고 제 찬미는 바다를 건너며 즐거이 날아가는 새처럼 날개를 펼칩니다.

당신께서 제 노래에 기뻐하심을 저는 압니다. 저는 단지 노래하는 사람으로서만 당신 앞에 다가갈 수 있음도 압니다.

저는 멀리 퍼지는 제 노래의 날개 끝으로 제가 닿으리라곤 꿈에도 생각할 수 없는 당신의 발에 닿습니다.

노래하는 기쁨에 취해 저는 저를 잃고 저의 신이신 당신을 감히 친구라 부릅니다.

3

I know not how thou singest, my master! I ever listen in silent amazement.

The light of thy music illumines the world. The life breath of thy music runs from sky to sky. The holy stream of thy music breaks through all stony obstacles and rushes on.

My heart longs to join in thy song, but vainly struggles for a voice. I would speak, but speech breaks not into song, and I cry out baffled. Ah, thou hast made my heart captive in the endless meshes of thy music, my master!

3

당신께서 어떻게 노래하시는지 저는 알지 못합니다, 저의 주인이시여! 저 언제나 고요한 놀라움에 귀 기울입니다.

당신의 음악이 빛이 되어 세상을 비춥니다. 당신의 음악의 숨결은 하늘에서 하늘로 여울집니다. 당신 음악의 성스러운 강물은 모든 단단한 장애물도 부수며 서둘러갑니다.

제 마음은 당신과 함께 노래 하기를 갈망합니다만, 목소리를 내려고 헛되이 허우적거릴 뿐입니다. 저는 말을 하려 하지만 말은 노래로 터져 나오지 못합니다. 그래서 저는 당황하여 울어버립니다. 아, 당신은 당신 음악의 끝없는 그물에 저의 가슴이 걸려들게 하셨습니다. 저의 주인이시여!

4

Life of my life, I shall ever try to keep my body pure, knowing that thy living touch is upon all my limbs.

I shall ever try to keep all untruths out from my thoughts, knowing that thou art that truth which has kindled the light of reason in my mind.

I shall ever try to drive all evils away from my heart and keep my love in flower, knowing that thou hast thy seat in the inmost shrine of my heart.

And it shall be my endeavour to reveal thee in my actions, knowing it is thy power gives me strength to act.

4

ㅇㅇ

저의 생명 중의 생명이시여, 당신의 살아있는 숨결이 제 온몸에 느껴지기에, 저는 언제나 제 몸을 순수하게 지키고자 할 것입니다.

당신께서는 저의 마음속에 이성의 등불을 밝히는 진리 그 자체임을 알기에, 저는 모든 거짓들을 제 생각에서 멀리할 것입니다.

당신께서 제 마음속 가장 깊은 곳에 자리하고 계심을 알기에, 저는 제 마음으로부터 모든 악을 몰아내어 저의 사랑이 꽃피도록 언제나 애쓸 것입니다.

또한 제가 행할 힘을 주시는 것이 당신의 능력임을 알기에, 저의 행함에서 당신을 드러내도록 애쓸 것입니다.

5

I ask for a moment's indulgence to sit by thy side. The works that I have in hand I will finish afterwards.

Away from the sight of thy face my heart knows no rest nor respite, and my work becomes an endless toil in a shoreless sea of toil.

Today the summer has come at my window with its sighs and murmurs; and the bees are plying their minstrelsy at the court of the flowering grove.

Now it is time to sit quite, face to face with thee, and to sing dedication of live in this silent and overflowing leisure.

5

잠깐 동안 당신 곁에 앉아 있을 수 있는 사치를 청합
니다. 제가 하던 일은 그 후에 끝내겠습니다.

당신의 얼굴이 보이지 않으시면 제 마음은 안정이나
휴식을 취할 수 없습니다. 그러면 제가 하는 일은 한없
는 고뇌의 바다의 끝없는 괴로움이 됩니다.

오늘은 여름이 제 창가로 와서 한숨을 지으며 속삭
입니다. 벌들은 꽃이 핀 정원에서 그들의 노래를 부릅
니다.

지금은 조용히 앉아 당신과 얼굴을 마주할 시간, 이
고요하고 넘쳐흐르는 한가로움 속에서 생명의 찬가를
노래할 때입니다.

6

—◦◦◦—

Pluck this little flower and take it, delay not! I fear lest it droop and drop into the dust.

I may not find a place in thy garland, but honour it with a touch of pain from thy hand and pluck it. I fear lest the day end before I am aware, and the time of offering go by.

Though its colour be not deep and its smell be faint, use this flower in thy service and pluck it while there is time.

6

이 작은 꽃을 따서 그것을 취하소서. 지체하지 마소서! 꽃이 시들어 흙으로 떨어질까 두렵습니다.

이 꽃은 당신의 화환에서는 한 자리를 차지하지 못할 수 있습니다. 그러나 당신의 손길에 아프게 꺾이는 영광을 저에게 주소서. 제가 알지도 못하는 사이에 날이 저물고 제물로 바칠 시간이 지나가 버릴까 두렵습니다.

비록 그 색이 짙지 않고 그 향이 희미할지라도, 이 꽃을 당신의 예배에 사용하소서. 아직 시간이 있을 때 그것을 꺾으소서.

7

—ⴲ—

My song has put off her adornments. She has no pride of dress and decoration. Ornaments would mar our union; they would come between thee and me; their jingling would drown thy whispers.

My poet's vanity dies in shame before thy sight. O master poet, I have sat down at thy feet. Only let me make my life simple and straight, like a flute of reed for thee to fill with music.

7

저의 노래는 장식을 벗었습니다. 저의 노래는 옷과 장신구도 이제 자랑하지 않습니다. 꾸밈은 우리의 만남을 방해할 것입니다. 그것들은 당신과 저 사이에 끼어듭니다. 그 댕그랑거림은 당신의 속삭임을 못 듣게 합니다.

시인으로서의 저의 자만심은 당신 앞에서 부끄러워스러집니다. 오, 최고의 시인이시여, 저는 당신의 발아래 앉았습니다. 당신께서 음악으로 가득 채우시는 갈대피리와 같이, 저의 삶이 순박하고 참되게 하소서.

8

The child who is decked with prince's robes and who has jewelled chains round his neck loses all pleasure in his play; his dress hampers him at every step.

In fear that it may be frayed, or stained with dust he keeps himself from the world, and is afraid even to move.

Mother, it is no gain, thy bondage of finery, if it keep one shut off from the healthful dust of the earth, if it rob one of the right of entrance to the great fair of common human life.

8

왕자의 옷으로 치장을 하고 목에 보석 목걸이를 두른 아이는 어떤 놀이를 해도 아무런 기쁨이 없습니다. 그의 옷은 걸을 때마다 걸리적거립니다.

그 옷이 헤어지거나 흙으로 얼룩질까 두려워 아이는 세상과 멀어지고, 몸놀림 조차 겁을 냅니다.

어머니시여, 당신의 화려한 옷의 구속이 사람으로 하여금 대지의 건강한 흙에서 멀어진다면, 그에게서 평범한 인간의 삶이라는 위대한 축제에 입장할 권리를 빼앗는다면, 그것은 아무 소용이 없습니다.

9

O Fool, try to carry thyself upon thy own shoulders! O beggar, to come beg at thy own door!

Leave all thy burdens on his hands who can bear all, and never look behind in regret.

Thy desire at once puts out the light from the lamp it touches with its breath. It is unholy---take not thy gifts through its unclean hands. Accept only what is offered by sacred love.

9

오, 어리석은 자여, 자신이 자신을 업고 가려 하는구나! 오, 구걸하는 자여, 자신의 문 앞에서 동냥하려 하는구나!

모든 것을 짊어질 수 있는 분의 손에 그대의 짐을 모두 맡기고, 결코 미련을 남겨 뒤돌아보지 말라.

그대의 욕망의 숨결이 닿으면 등불은 곧 꺼진다. 그것은 성스럽지 못하다. 그 더러운 손으로 그대의 선물을 받지 말라. 신성한 사랑이 주는 것만 받아라.

Here is thy footstool and there rest thy feet where live the poorest, and lowliest, and lost.

When I try to bow to thee, my obeisance cannot reach down to the depth where thy feet rest among the poorest, and lowliest, and lost.

Pride can never approach to where thou walkest in the clothes of the humble among the poorest, and lowliest, and lost.

My heart can never find its way to where thou keepest company with the companionless among the poorest, the lowliest, and the lost.

10

여기에 당신의 발을 놓을 것이 있습니다. 가장 가난하고 가장 비천하며 길을 잃은 사람들이 살아가는 그곳에 당신의 발길이 머뭅니다.

저는 당신께 절을 하고자 하나, 가장 가난하고 가장 비천하며 길을 잃은 사람들 가운데 머무는 당신의 발이 있는 그 깊은 곳까지는 저의 절은 미치지 못합니다.

가장 가난하고 가장 비천하며 길을 잃은 사람들 가운데 남루한 옷을 입고 당신이 걸어가시는 그곳에 자만심은 결코 가까이 가지 못합니다.

가장 가난하고 가장 비천하며 길을 잃은 사람들 가운데 고독한 이들과 함께 동행하시는 그곳에 이르는 길을 제 마음은 도저히 알 수 없습니다.

11

Leave this chanting and singing and telling of beads! Whom dost thou worship in this lonely dark corner of a temple with doors all shut? Open thine eyes and see thy God is not before thee!

He is there where the tiller is tilling the hard ground and where the pathmaker is breaking stones. He is with them in sun and in shower, and his garment is covered with dust. Put of thy holy mantle and even like him come down on the dusty soil!

Deliverance? Where is this deliverance to be found? Our master himself has joyfully taken upon him the bonds of creation; he is bound with us all for ever.

Come out of thy meditations and leave aside thy flowers and incense! What harm is there if thy clothes become tattered and stained? Meet him and stand by him in toil and in sweat of thy brow.

11

이 찬양과 노래와 묵주*의 기도를 그만두어라! 모든 문이 닫힌 이 쓸쓸한 어두운 사원의 구석에서 그대는 누구에게 예배를 드리고 있는가? 그대의 눈을 뜨고 보라. 신이 그대 앞에 계시지 않음을 보라.

그분께서는 농부가 굳은 땅을 갈고, 길을 닦는 사람이 돌을 깨는 곳에 계신다. 그분께서는 맑은 날이나 비오는 날이나 그들과 함께 계시고, 그분의 옷은 흙먼지로 뒤덮여 있다. 그대의 성스러운 옷을 벗고 그분께서 그러신 것처럼 흙먼지 이는 땅으로 내려가라!

구원? 이 구원은 어디에서 찾을 수 있는가? 우리의 주인께서는 스스로 창조의 굴레를 기쁘게 받아들이셨다. 그분께서는 우리 모두와 영원히 결합되어 있다.

명상에서 나오라. 꽃과 향을 치워라! 그대의 옷이 해지고 더러워진들 무슨 문제인가? 그분을 만나라. 수고로움과 그대 이마에 흐르는 땀으로 그분 옆에 서라.

---

* 힌두에서는 말라, 가톨릭에서는 로사리오, 불교에서는 염주라 함.

12

The time that my journey takes is long and the way of it long.

I came out on the chariot of the first gleam of light, and pursued my voyage through the wildernesses of worlds leaving my track on many a star and planet.

It is the most distant course that comes nearest to thyself, and that training is the most intricate which leads to the utter simplicity of a tune.

The traveller has to knock at every alien door to come to his own, and one has to wander through all the outer worlds to reach the innermost shrine at the end.

My eyes strayed far and wide before I shut them and said 'Here art thou!'

The question and the cry 'Oh, where?' melt into tears of a thousand streams and deluge the world with the flood of the assurance 'I am!'

12

제 여행의 시간은 길고 그 길 또한 멉니다.

저는 어슴푸레 빛나는 첫 한 줄기 빛의 수레에서 나와, 많은 별과 행성에 제 자취를 남기며 세상의 황야를 거쳐 제 항해를 계속했습니다.

당신께 가장 가까이 가기 위해서는 가장 먼 길을 돌아야 하며, 극히 단순한 곡조에 이르기 위해서는 가장 복잡한 단련을 거쳐야 합니다.

여행자가 자신의 집에 이르기 위해서는 모든 낯선 문을 두드려야 합니다. 사람은 결국 가장 깊은 성소에 이르기 위해서는 모든 바깥세상을 헤매야 합니다.

제 눈을 감고 '여기 당신께서 계십니다!'라고 말하기까지 제 눈은 이리저리 헤맸습니다.

'오, 어디에?'라는 물음과 외침은 수천 줄기 눈물 속으로 녹아들다가 '나 있음'이라는 확신의 범람으로 이 세상을 잠기게 합니다.

13

The song that I came to sing remains unsung to this day.

I have spent my days in stringing and in unstringing my instrument.

The time has not come true, the words have not been rightly set; only there is the agony of wishing in my heart.

The blossom has not opened; only the wind is sighing by.

I have not seen his face, nor have I listened to his voice; only I have heard his gentle footsteps from the road before my house.

The livelong day has passed in spreading his seat on the floor; but the lamp has not been lit and I cannot ask him into my house.

I live in the hope of meeting with him; but this meeting is not yet.

13

제가 부르려고 온 노래는 오늘까지도 다 부르지 못하고 있습니다.

저는 제 악기 줄을 조이고 푸느라 시간을 다 써 버렸습니다.

때는 아직 오지 않았으며, 말은 제대로 다듬어지지 않았습니다. 제 마음에는 소망의 괴로움만 있을 뿐입니다.

꽃은 아직 피지 않았으며, 오직 바람만이 한숨지으며 곁을 지나갑니다.

저는 그분의 얼굴을 보지 못했고 그분의 음성도 듣지 못했습니다. 오직 제 집 앞길에서 나는 그분의 조용한 발자국 소리만을 들을 뿐입니다.

바닥에 그분의 자리를 펴느라 오랜 시간을 보냈습니다. 그러나 등불은 아직 밝히지 못했습니다. 그래서 저는 저의 집에 들어오시라고 그분을 청할 수 없습니다.

저는 그분을 만날 희망으로 살아갑니다. 그러나 아직 뵙지를 못하고 있습니다.

14

My desires are many and my cry is pitiful, but ever didst thou save me by hard refusals; and this strong mercy has been wrought into my life through and through.

Day by day thou art making me worthy of the simple, great gifts that thou gavest to me unasked---this sky and the light, this body and the life and the mind---saving me from perils of overmuch desire.

There are times when I languidly linger and times when I awaken and hurry in search of my goal; but cruelly thou hidest thyself from before me.

Day by day thou art making me worthy of thy full acceptance by refusing me ever and anon, saving me from perils of weak, uncertain desire.

14

저의 욕망은 많기도 하고 저의 울음은 처절합니다만 당신께서는 언제나 무정한 거절로 저를 구하십니다. 그리고 이 강렬한 자비는 저의 삶에 속속들이 스며 있습니다.

날마다 당신께서는 지나친 욕망에서 저를 구하시어, 청하지 않아도 당신께서 주시는 소박하지만 위대한 선물인, 이 하늘과 빛, 이 몸과 생명 그리고 마음을 받을 만한 사람으로 저를 만들고 계십니다.

저는 노곤하여 미적거릴 때도 있습니다. 제 목표를 찾아 깨어서 서두를 때도 있습니다. 그러나 당신께서는 무정하게도 제 앞에서 당신을 감추십니다.

때때로 저를 거절하심으로, 당신은 약하고 불확실한 욕망의 위험으로부터 저를 구원하시어, 당신의 완전한 수락을 받을 만한 사람으로 저를 매일 만들고 계십니다.

15

I am here to sing thee songs. In this hall of thine I have a corner seat.

In thy world I have no work to do; my useless life can only break out in tunes without a purpose.

When the hour strikes for thy silent worship at the dark temple of midnight, command me, my master, to stand before thee to sing.

When in the morning air the golden harp is tuned, honour me, commanding my presence.

15

저는 당신의 노래를 부르고자 여기에 있습니다. 당신의 집에서 저는 모퉁이에 앉습니다.

당신의 세계에서 제가 할 일은 없습니다. 저의 쓸모없는 생명은 단지 쓸데 없는 선율로 터져 나올 뿐입니다.

한밤중 어두운 사원에서 당신의 침묵의 예배를 드릴 시간을 알리는 종이 울리면, 저의 주인이시여, 당신 앞에 서서 노래하라 저에게 명하소서.

아침의 공기에서 황금 하프가 울리면, 저의 존재를 당신 앞에 드러내라 명하시어 저를 영광되게 하소서.

16

I have had my invitation to this world's festival, and thus my life has been blessed. My eyes have seen and my ears have heard.

It was my part at this feast to play upon my instrument, and I have done all I could.

Now, I ask, has the time come at last when I may go in and see thy face and offer thee my silent salutation?

16

저는 이 세상의 축제에 초대받았습니다. 이렇게 제 삶은 축복을 받았습니다. 제 눈은 보았고 제 귀는 들었습니다.

이 축제에서 제가 맡은 일은 제 악기를 연주하는 것이었습니다. 그리고 저는 할 수 있는 최선을 다해 연주했습니다.

이제 당신께 묻사오니 마침내 제가 들어가 당신 얼굴을 뵙고 저의 무언의 예배를 당신께 올릴 시간이 됐습니까?

17

I am only waiting for love to give myself up at last into his hands. That is why it is so late and why I have been guilty of such omissions.

They come with their laws and their codes to bind me fast; but I evade them ever, for I am only waiting for love to give myself up at last into his hands.

People blame me and call me heedless; I doubt not they are right in their blame.

The market day is over and work is all done for the busy. Those who came to call me in vain have gone back in anger. I am only waiting for love to give myself up at last into his hands.

17

저는 마침내 그분의 손에 저 자신을 바칠 사랑을 기다리고 있을 뿐입니다. 제가 언제나 늦은 것은 이 까닭이며 그런 누락의 죄를 범한 것도 이 까닭입니다.

사람들은 저를 꽁꽁 묶으려 법규와 관례를 들고 옵니다. 하지만 저는 그분의 손에 저 자신을 바칠 사랑을 기다리고 있을 뿐이기에 저는 계속 그들을 피합니다.

사람들은 저를 욕하고 경솔하다고 합니다. 그들의 비난이 옳음을 저는 의심하지 않습니다.

장은 파하고 분주한 일도 모두 마무리되었습니다. 헛되이 저를 부르러 왔던 사람들은 화를 내며 발길을 돌렸습니다. 저는 마침내 그분의 손에 저 자신을 바칠 사랑을 오직 기다리고 있을 뿐입니다.

18

Clouds heap upon clouds and it darkens. Ah, love, why dost thou let me wait outside at the door all alone?

In the busy moments of the noontide work I am with the crowd, but on this dark lonely day it is only for thee that I hope.

If thou showest me not thy face, if thou leavest me wholly aside, I know not how I am to pass these long, rainy hours.

I keep gazing on the far-away gloom of the sky, and my heart wanders wailing with the restless wind.

18

구름에 구름이 쌓여 지금은 어둡습니다. 아, 사랑이
시여, 왜 당신께서는 어찌하여 저를 홀로 문밖에서 기
다리게 하십니까?

낮일이 바쁜 때에 저는 사람들과 어울려 있습니다.
그러나 이 깜깜하고 쓸쓸한 때 제가 바라는 것은 오직
당신뿐이십니다.

당신께서 제게 당신의 얼굴을 보여주지 않으신다면,
당신께서 저를 홀로 두신다면, 이 기나긴 장마철을 제
가 어떻게 지새야할지 저는 알지 못합니다.

저는 멀리 있는 하늘의 어두움만 내내 바라보면, 제
가슴은 들썩이는 바람과 함께 통곡합니다.

19

If thou speakest not I will fill my heart with thy silence and endure it. I will keep still and wait like the night with starry vigil and its head bent low with patience.

The morning will surely come, the darkness will vanish, and thy voice pour down in golden streams breaking through the sky.

Then thy words will take wing in songs from every one of my birds' nests, and thy melodies will break forth in flowers in all my forest groves.

19

만약 당신께서 아무 말씀도 하지 않으신다면, 저는 제 마음을 당신의 침묵으로 채우고 그것을 견딜 것입니다. 저는 별이 반짝이는 밤과 같이 지키며 그리고 참을성 있게 고개를 숙이고서 조용히 기다릴 것입니다.

아침은 분명히 올 것이고, 어둠은 물러갈 것입니다. 당신의 목소리는 하늘을 가르며 황금빛 물결이 되어 흘러내릴 것입니다.

그러면 당신의 말씀은 저의 새 둥지들 하나하나에서 노래의 날개로 멀리 날아오를 것입니다. 당신의 노래는 꽃이 되어 제 숲 모두에서 피어날 것입니다.

20

On the day when the lotus bloomed, alas, my mind was straying, and I knew it not. My basket was empty and the flower remained unheeded.

Only now and again a sadness fell upon me, and I started up from my dream and felt a sweet trace of a strange fragrance in the south wind.

That vague sweetness made my heart ache with longing and it seemed to me that is was the eager breath of the summer seeking for its completion.

I knew not then that it was so near, that it was mine, and that this perfect sweetness had blossomed in the depth of my own heart.

20

연꽃잎이 피던 그 날에, 아, 제 마음은 방황하고 있
었습니다. 저는 꽃이 핀 것을 알지 못했습니다. 제 바구
니는 비어 있었지만 꽃은 눈길을 끌지 못했습니다.

이따금 슬픔이 저를 덮칠 때면, 저는 꿈에서 깨어나
남풍으로 실려오는 신비로운 향기의 감미로운 자취를
느꼈습니다.

그 어렴풋한 향기가 제 마음을 그리움으로 애타게
했습니다. 저에게는 그것은, 완성을 바라는 여름의 뜨
거운 숨결인 듯 했습니다.

그때는 그것이 그렇게 가까이 있는 줄을, 저의 것인
줄을 몰랐습니다. 이 완전한 감미로움이 저의 가슴 깊
이 피어있는 줄을 몰랐습니다.

21

I must launch out my boat. The languid hours pass by on the shore---Alas for me!

The spring has done its flowering and taken leave. And now with the burden of faded futile flowers I wait and linger.

The waves have become clamorous, and upon the bank in the shady lane the yellow leaves flutter and fall.

What emptiness do you gaze upon! Do you not feel a thrill passing through the air with the notes of the far-away song floating from the other shore?

21

저는 배를 띄워야 합니다. 강기슭에서 보낸 나른한 시간들이 지나갑니다. 애석하도다!

봄은 꽃피우기를 마치고 떠났습니다. 그리고 이제 시든 꽃들의 무게처럼 저는 머뭇거리며 기다립니다.

물결들이 요란해지고, 그늘이 드리워진 오솔길의 비탈 위로 노란 잎들이 흩날리며 떨어집니다.

어느 허공을 그대는 바라보고 있는가! 그대는 다른 해안으로부터 들려오는 노래 가락이 공기를 통해 전해지는 전율을 느끼지 못하는가?

22

In the deep shadows of the rainy July, with secret steps, thou walkest, silent as night, eluding all watchers.

Today the morning has closed its eyes, heedless of the insistent calls of the loud east wind, and a thick veil has been drawn over the ever-wakeful blue sky.

The woodlands have hushed their songs, and doors are all shut at every house. Thou art the solitary wayfarer in this deserted street. Oh my only friend, my best beloved, the gates are open in my house---do not pass by like a dream.

22

장맛비 내리는 7월의 그 짙은 어둠 속에서, 남의 눈을 피해 당신께서는 밤처럼 고요하게 소리없이 거닐고 계십니다.

오늘 아침은 요란한 동풍의 끈질긴 부름도 무시한 채 눈을 감았습니다. 두터운 장막이 언제나 깨어있는 푸른 하늘 위를 덮었습니다.

숲은 그들의 노래를 멈췄고, 집의 모든 문은 닫혔습니다. 당신께서는 이 텅 빈 거리의 고독한 여행자이십니다. 오, 저의 유일한 친구, 저의 가장 사랑하는 분이시여, 저의 집의 문은 열려 있습니다. 꿈인양, 지나치지 마소서.

23

—◦◦◦—

Art thou abroad on this stormy night on thy journey of love, my friend? The sky groans like one in despair.

I have no sleep tonight. Ever and again I open my door and look out on the darkness, my friend!

I can see nothing before me. I wonder where lies thy path!

By what dim shore of the ink-black river, by what far edge of the frowning forest, through what mazy depth of gloom art thou threading thy course to come to me, my friend?

23

저의 친구시여, 당신께서는 이 폭풍우 치는 밤에 사랑의 여정에 나서는 것입니까? 하늘은 절망에 빠진 사람처럼 신음합니다.

저는 오늘 밤은 잠이 오지 않는군요. 이따금 저는 제 문을 열고 어둠 속을 내다봅니다, 저의 친구시여!

제 앞에는 아무것도 보이지 않습니다. 당신의 길이 어디쯤인지 궁금합니다.

어느 먹빛 강의 어둑한 호숫가를 지나, 어느 가파른 숲의 먼 언저리를 통해, 어느 어둠속 깊은 미로를 따라 저에게로 오시는 길을 엮고 계십니까, 저의 친구시여?

24

If the day is done, if birds sing no more, if the wind has flagged tired, then draw the veil of darkness thick upon me, even as thou hast wrapt the earth with the coverlet of sleep and tenderly closed the petals of the drooping lotus at dusk.

From the traveller, whose sack of provisions is empty before the voyage is ended, whose garment is torn and dustladen, whose strength is exhausted, remove shame and poverty, and renew his life like a flower under the cover of thy kindly night.

24

날이 저물어 새들이 더 이상 노래하지 않으면, 바람도 지쳐 사그러들면, 그때 짙은 어둠의 베일을 끌어올려 제 위로 드리워 주소서. 당신께서는 땅거미가 질 무렵 잠의 이불보로 대지를 감싸고, 늘어진 연꽃잎을 부드럽게 닫아주십니다.

여정이 끝나기 전에 식량 주머니가 바닥나고, 옷은 해지고 먼지가 가득하며, 기운이 다 빠진 여행자들로부터 수치와 빈곤을 없애 주소서. 그리고 당신의 친절한 밤의 장막 아래에 있는 꽃처럼 그의 생명을 새롭게 하여 주소서.

25

In the night of weariness let me give myself up to sleep without struggle, resting my trust upon thee.

Let me not force my flagging spirit into a poor preparation for thy worship.

It is thou who drawest the veil of night upon the tired eyes of the day to renew its sight in a fresher gladness of awakening.

25

피곤한 밤이면 저를 당신께 맡긴 채, 뒤척이지 않고 저 자신을 잠들게 하여 주소서.

쇠약해져 가는 저의 정신이 당신의 예배 준비에 부족하지 않게 하여 주소서.

더 신선한 기쁨으로 깨어나 세상을 보는 눈이 새로워질 수 있도록 낮의 지친 눈에 밤의 베일을 끌어당기는 것은 당신이십니다.

26

He came and sat by my side but I woke not. What a cursed sleep it was, O miserable me!

He came when the night was still; he had his harp in his hands, and my dreams became resonant with its melodies.

Alas, why are my nights all thus lost? Ah, why do I ever miss his sight whose breath touches my sleep?

26

~~~∽~~~

그분이 오셔서 제 옆에 앉으셨으나 저는 눈을 뜨지 못했습니다. 이 얼마나 원망스러운 잠인가, 오 비참하도다!

밤이 고요할 때 그분이 오셨습니다. 그분은 손에 하프를 들고 계셨고, 저의 꿈은 그 선율에 맞춰 공명했습니다.

아아, 저의 밤들은 어찌 모두 이렇게 허무하게 놓치는 것입니까? 아, 그분의 숨결로 저의 잠을 어루만지시는 분의 모습을 저는 어찌 계속 놓치는 것입니까?

27

—ᴐⅰᴐ—

Light, oh where is the light? Kindle it with the burning fire of desire!

There is the lamp but never a flicker of a flame--- is such thy fate, my heart? Ah, death were better by far for thee!

Misery knocks at thy door, and her message is that thy lord is wakeful, and he calls thee to the love-tryst through the darkness of night.

The sky is overcast with clouds and the rain is ceaseless. I know not what this is that stirs in me---I know not its meaning.

A moment's flash of lightning drags down a deeper gloom on my sight, and my heart gropes for the path to where the music of the night calls me.

Light, oh where is the light! Kindle it with the burning fire of desire! It thunders and the wind rushes screaming through the void. The night is

27

빛이여, 오, 빛은 어디에 있습니까? 타오르는 욕망의 불로 그것을 밝혀라!

등불은 있지만 한 번도 불이 켜진 적은 없었다. 그것이 그대의 운명인가, 나의 마음이여? 아, 그렇다면 그대에게 단연코 죽음이 더 나으리라!

고뇌가 저의 문을 두드리며 메시지를 전합니다. 당신의 신께서는 깨어 있으시며, 그분께서는 밤의 어둠을 통해 당신을 사랑의 밀회로 불러낸다는 것입니다.

하늘은 구름으로 뒤덮이고 비는 그칠 줄을 모릅니다. 저를 뒤흔드는 것. 이것이 무엇인지 저는 알지 못합니다. 저는 그것의 의미를 모릅니다.

번개의 번쩍임 뒤에는 더 깊은 어둠이 제 시야로 들어오고, 저의 가슴은 밤의 음악이 저를 부르는 곳으로 난 길을 더듬어 갑니다.

빛이시여, 오 빛은 어디에 있습니까! 타오르는 열망의 불로 그것을 밝히소서! 천둥이 치고 바람은 허공을 통해 절규하며 달려듭니다. 밤은 까만 돌멩이처럼 검습

black as a black stone. Let not the hours pass by in the dark. Kindle the lamp of love with thy life.

니다. 어둠 속에서 시간을 보내지 말라. 너의 생명으로
사랑의 등불을 밝히어라.

28

Obstinate are the trammels, but my heart aches when I try to break them.

Freedom is all I want, but to hope for it I feel ashamed.

I am certain that priceless wealth is in thee, and that thou art my best friend, but I have not the heart to sweep away the tinsel that fills my room.

The shroud that covers me is a shroud of dust and death; I hate it, yet hug it in love.

My debts are large, my failures great, my shame secret and heavy; yet when I come to ask for my good, I quake in fear lest my prayer be granted.

28

속박은 완강합니다. 그것을 부수려 할 때 저의 마음
은 아픕니다.

제가 원하는 것은 자유가 전부입니다. 그러나 그것
을 바라는 것이 저는 부끄럽게 느껴집니다.

당신에게는 값을 매길 수 없는 보물이 있으시고, 당
신이 저의 가장 좋은 친구임을 저는 확신합니다. 그러
나 저의 방을 채우고 있는 물건들을 완전히 버릴 마음
은 없습니다.

저를 덮고 있는 장막은 먼지와 죽음의 옷입니다. 저
는 그것이 싫지만, 아직은 사랑으로 그것을 껴안습니다.

저의 빚은 크고, 저의 실패는 엄청나며, 저의 수치는
비밀스럽고 무겁습니다. 그러나 저의 이로움을 바라며
청할 때, 저의 기도가 받아들여지지 않을까 봐 두려움
에 떱니다.

29

He whom I enclose with my name is weeping in this dungeon. I am ever busy building this wall all around; and as this wall goes up into the sky day by day I lose sight of my true being in its dark shadow.

I take pride in this great wall, and I plaster it with dust and sand lest a least hole should be left in this name; and for all the care I take I lose sight of my true being.

29

　제 이름으로 에워싸인 그대는 이 지하 감옥에서 울고 있습니다. 저는 사방에 이 벽을 쌓느라 늘 바쁩니다. 이 벽이 나날이 하늘 높이 올라갈수록 그 어두운 그림자 속에서 저는 저의 참다운 존재를 잃습니다.

　저는 이 거대한 담을 자랑스러워하고, 이 이름에 아주 작은 구멍이라도 남지 않도록 먼지 모래를 반죽하여 바릅니다. 그리고 제가 쏟아붓는 모든 보살핌 때문에 저는 저의 참다운 존재를 잃습니다.

30

-೦౿౦-

I came out alone on my way to my tryst. But who is this that follows me in the silent dark?

I move aside to avoid his presence but I escape him not.

He makes the dust rise from the earth with his swagger; he adds his loud voice to every word that I utter.

He is my own little self, my lord, he knows no shame; but I am ashamed to come to thy door in his company.

30

밀회를 위해 저는 홀로 길을 나섰습니다. 그러나 고
요한 어둠 속에서 저를 따라오는 이 사람은 누구입니
까?

그를 피하기 위해 옆으로 비켜서지만 저는 그에게서
벗어나지 못합니다.

그는 으스대며 걸으면서 땅에서 흙먼지를 일으킵니
다. 그는 제가 내뱉는 말마다 그의 커다란 목소리를 더
합니다.

저의 주인이시여, 그는 저 자신의 작은 자아입니다.
그는 부끄러움을 모릅니다. 하지만 저는 그와 함께 당
신의 문으로 가는 것이 부끄럽습니다.

—◦ю◦—

'*Prisoner, tell me, who was it that bound you?*'

'*It was my master,*' said the prisoner. '*I thought I could outdo everybody in the world in wealth and power, and I amassed in my own treasure-house the money due to my king. When sleep overcame me I lay upon the bed that was for my lord, and on waking up I found I was a prisoner in my own treasure-house.*'

'*Prisoner, tell me, who was it that wrought this unbreakable chain?*'

'*It was I,*' said the prisoner, '*who forged this chain very carefully. I thought my invincible power would hold the world captive leaving me in a freedom undisturbed. Thus night and day I worked at the chain with huge fires and cruel hard strokes. When at last the work was done and the links were complete and unbreakable, I found that it held me in its grip.*'

31

'갇힌 자여, 나에게 말해보라. 그대를 가둔 자가 누구였는가?'

'저의 주인이었습니다.' 갇힌 자가 말했습니다. '저는 부로나 권력으로나 이 세상 누구보다 뛰어나다고 생각했습니다. 저의 왕 덕분에 저의 보물창고에 돈을 가득 모았습니다. 잠이 쏟아져 저는 저의 주인의 침대에 누웠습니다. 깨어나 보니 저는 저의 보물 창고에 갇힌 것을 알았습니다.'

'갇힌 자여, 말해다오, 이 끊을 수 없는 쇠사슬을 만든 것은 누구였는가?'

'그것은 저였습니다. 저는 천하무적의 권력을 가지면 자유를 주고, 세상을 사로잡을 거라 생각했습니다. 그리하여 저는 밤낮으로 엄청난 불과 무자비하게 쇠를 달굼으로 쇠사슬 만드는 일을 했습니다. 마침내 그 일이 마무리되고 연결고리가 완벽하고 끊을 수 없게 되었을 때, 저는 그것이 저를 단단히 묶었음을 알게 되었습니다.' 갇힌 자가 말했습니다.

32

By all means they try to hold me secure who love me in this world. But it is otherwise with thy love which is greater than theirs, and thou keepest me free.

Lest I forget them they never venture to leave me alone. But day passes by after day and thou art not seen.

If I call not thee in my prayers, if I keep not thee in my heart, thy love for me still waits for my love.

32

이 세상에서 저를 사랑하는 사람들은 어떻게 해서든 저를 묶으려 합니다. 그러나 그들의 사랑보다 훨씬 더 큰 당신의 사랑은 그렇지 않습니다. 당신께서는 저를 자유롭게 놓아 두십니다.

제가 그들을 잊을까봐 그들은 절대 저를 홀로 내버려두지 않습니다. 그러나 하루가 지나고 또 하루가 지나도 당신은 보이지 않습니다.

제가 제 기도에서 당신을 부르지 않아도, 제가 제 마음속에 당신을 지니지 않는다 해도, 저에 대한 당신의 사랑은 여전히 저의 사랑을 기다리고 계십니다.

—ᴼᴵᴼ—

When it was day they came into my house and said, 'We shall only take the smallest room here.'

They said, 'We shall help you in the worship of your God and humbly accept only our own share in his grace'; and then they took their seat in a corner and they sat quiet and meek.

But in the darkness of night I find they break into my sacred shrine, strong and turbulent, and snatch with unholy greed the offerings from God's altar.

33

어느 날 낮에 그들이 저의 집에 와서 말했습니다, '우리는 여기 제일 작은 방을 차지할 것이다.'

그들은 또한, '우리는 그대가 그대의 신을 예배하도록 도와줄 것이다. 신이 주시는 은총 중에서 우리의 몫만을 겸허히 받을 것이다.'라고 말했습니다. 그러고 나서 그들은 구석에 자리를 잡고 조용하고 온순하게 앉아 있었습니다.

하지만 밤의 어둠 속에서 저는 그들이 거칠고 난폭하게 저의 신성한 신전에 침입하여 불경한 탐욕으로 신의 제단에서 제물을 강탈하는 것을 알게 됩니다.

34

Let only that little be left of me whereby I may name thee my all.

Let only that little be left of my will whereby I may feel thee on every side, and come to thee in everything, and offer to thee my love every moment.

Let only that little be left of me whereby I may never hide thee.

Let only that little of my fetters be left whereby I am bound with thy will, and thy purpose is carried out in my life---and that is the fetter of thy love.

34

당신을 저의 전부라 부를 수 있도록, 저의 작은 부분만 남게 하소서.

어디에서나 당신을 느끼고, 모든 것에서 당신에게로 가며, 매 순간 저의 사랑을 당신께 드릴 수 있도록, 제 의지에 작은 부분만 남아 있게 하소서.

결코 당신을 숨기지 않도록 제 존재의 작은 부분만 남아 있게 하소서.

당신의 의지에 묶이고 당신의 목적이 제 삶에서 이루어지도록 제 족쇄의 아주 작은 부분만 남아있게 하소서. 그것은 당신 사랑의 족쇄입니다.

---⊙⊙---

Where the mind is without fear and the head is held high;

Where knowledge is free;

Where the world has not been broken up into fragments by narrow domestic walls;

Where words come out from the depth of truth;

Where tireless striving stretches its arms towards perfection;

Where the clear stream of reason has not lost its way into the dreary desert sand of dead habit;

Where the mind is led forward by thee into ever-widening thought and action---

Into that heaven of freedom, my Father, let my country awake.

35

마음에는 두려움이 없고 머리는 높이 드는 곳
지식이 자유로운 곳
좁은 국경의 벽들로 인해 세상이 나누어지지 않은 곳
말이 깊은 진리로부터 나오는 곳
지칠 줄 모르는 노력이 완성을 향하여 팔을 뻗는 곳
선명한 이성의 흐름이 케케묵은 관습이라는 황량한
사막에서 길을 잃지 않은 곳
마음이 당신에게로 인도되어 생각과 행동의 지평을
늘 넓혀가는 곳
저의 아버지시여, 제 조국이 자유의 하늘로 깨어나
게 하소서.

36

This is my prayer to thee, my lord---strike, strike at the root of penury in my heart.

Give me the strength lightly to bear my joys and sorrows.

Give me the strength to make my love fruitful in service.

Give me the strength never to disown the poor or bend my knees before insolent might.

Give me the strength to raise my mind high above daily trifles.

And give me the strength to surrender my strength to thy will with love.

36

이것이 당신을 향한 저의 기도입니다. 저의 주인이시여, 제 마음속 빈곤의 뿌리를 뽑아내 주소서.

기쁨과 슬픔을 가볍게 견딜 수 있는 힘을 제게 주소서.

섬김 속에서 제 사랑이 열매를 맺도록 만들 수 있는 힘을 저에게 주소서.

가난한 사람들을 저버리지 않고 그리고 오만한 권력 앞에 제 무릎을 꿇지 않을 힘을 저에게 주소서.

일상의 사소한 일들 너머로 제 마음을 일으켜 세울 힘을 저에게 주소서.

그리고 제 힘을 사랑으로 당신의 의지에 굴복할 수 있는 힘을 제게 주소서.

37

I thought that my voyage had come to its end at the last limit of my power,---that the path before me was closed, that provisions were exhausted and the time come to take shelter in a silent obscurity.

But I find that thy will knows no end in me. And when old words die out on the tongue, new melodies break forth from the heart; and where the old tracks are lost, new country is revealed with its wonders.

37

제 여정이 마침내 제 힘의 마지막 한계에 이르러 제 앞에서 길이 끊겼고, 식량은 바닥났으며, 조용한 망각 속으로 몸을 피할 때가 왔다고 저는 생각했습니다.

그러나 당신의 의지는 제 안에서 끝이 없음을 저는 봅니다. 그리고 낡은 말들이 혀 위에서 다하여 사라질 때, 가슴에서 새로운 곡조가 쏟아져 나옵니다. 낡은 길들이 사라지는 곳에서 새로운 나라가 경이로움으로 모습을 드러냅니다.

38

That I want thee, only thee---let my heart repeat without end. All desires that distract me, day and night, are false and empty to the core.

As the night keeps hidden in its gloom the petition for light, even thus in the depth of my unconsciousness rings the cry---'I want thee, only thee'.

As the storm still seeks its end in peace when it strikes against peace with all its might, even thus my rebellion strikes against thy love and still its cry is---'I want thee, only thee'.

38

제가 당신을, 오직 당신만을 원한다고, 제 가슴이 언제까지나 말하고 또 말하게 하소서. 밤낮으로 저를 어지럽히는 모든 욕망들은 속속들이 거짓이고 공허합니다.

밤이 그 어둠 속에 빛에 대한 청원을 숨기고 있듯이, 저의 무의식 깊은 곳에서는 '저는 당신을, 오직 당신만을 원합니다.'라는 외침이 울립니다.

폭풍이 온 힘을 다해 평화를 깨뜨리면서도 평화 속에서 끝이 나듯이, 저의 저항은 당신의 사랑에 맞서 싸우지만, 그 외침은 여전히 '저는 당신을, 오직 당신만을 원합니다.' 입니다.

39

When the heart is hard and parched up, come upon me with a shower of mercy.

When grace is lost from life, come with a burst of song.

When tumultuous work raises its din on all sides shutting me out from beyond, come to me, my lord of silence, with thy peace and rest.

When my beggarly heart sits crouched, shut up in a corner, break open the door, my king, and come with the ceremony of a king.

When desire blinds the mind with delusion and dust, O thou holy one, thou wakeful, come with thy light and thy thunder.

39

마음이 굳어져 메마를 때, 자비의 소나기로 저에게 오소서.

삶에서 우아함을 잃을 때, 터져 나오는 노래로 오소서.

떠들썩한 일이 사방에서 소란을 일으켜 저편의 세계로 가는 저를 막을 때, 저의 침묵의 주인이시여, 평화와 휴식을 가지고 저에게 오소서.

찢어지게 가난한 제 마음이 한 구석에 웅크리고 앉아 있을 때, 저의 왕이시여, 문을 부수어 열고 왕의 위엄을 갖추고 오소서.

욕망이 미혹과 티끌로 마음을 눈 멀게 할 때, 오 신성한 분이시여, 깨어 있는 분이시여, 당신의 빛과 천둥으로 오소서.

40

The rain has held back for days and days, my God, in my arid heart. The horizon is fiercely naked---not the thinnest cover of a soft cloud, not the vaguest hint of a distant cool shower.

Send thy angry storm, dark with death, if it is thy wish, and with lashes of lightning startle the sky from end to end.

But call back, my lord, call back this pervading silent heat, still and keen and cruel, burning the heart with dire despair.

Let the cloud of grace bend low from above like the tearful look of the mother on the day of the father's wrath.

40

날이 지나고 또 지나도 저의 메마른 가슴에 비는 내리지 않았습니다, 저의 신이시여. 아주 얇은 한 조각의 부드러운 구름 조차도 보이지 않고, 멀리서나마 시원한 소나기에 대한 어렴풋한 기미도 없이, 지평선이 적나라하게 드러나고 있습니다.

그것이 당신의 뜻이라면 죽음으로 어두운 당신의 성난 폭풍을 보내주시고, 번개의 채찍으로 하늘 이 끝에서 저 끝까지 온통 놀라게 하소서.

하지만, 저의 주인이시여, 지독한 절망으로 가슴을 태워버리는, 세상에 퍼져있는 이 날카롭고 잔인한 이 침묵의 열기를 다시 거둬들여 주소서.

아버지가 노여워하시는 날, 울먹이는 어머니의 모습처럼 은총의 구름이 위에서부터 낮게 웅크리게 하소서.

41

Where dost thou stand behind them all, my lover, hiding thyself in the shadows? They push thee and pass thee by on the dusty road, taking thee for naught. I wait here weary hours spreading my offerings for thee, while passers-by come and take my flowers, one by one, and my basket is nearly empty.

The morning time is past, and the noon. In the shade of evening my eyes are drowsy with sleep. Men going home glance at me and smile and fill me with shame. I sit like a beggar maid, drawing my skirt over my face, and when they ask me, what it is I want, I drop my eyes and answer them not.

Oh, how, indeed, could I tell them that for thee I wait, and that thou hast promised to come. How could I utter for shame that I keep for my dowry this poverty. Ah, I hug this pride in the secret of my heart.

41

저의 사랑하는 분이시여, 그림자에 당신을 숨긴 채 그들 모두의 뒤 어디에 스스로를 숨기십니까? 그들은 당신을 도외시하고 먼지 투성이의 길에서 당신을 밀치고 당신 곁을 지나갑니다. 저는 당신에게 드릴 예물을 펼쳐 놓고 지루한 시간을 여기에서 기다립니다. 그러는 동안 행인들이 와서 저의 꽃을 한 송이씩 집어가, 저의 바구니는 거의 비었습니다.

아침이 지나고 낮도 지났습니다. 저녁 그늘에 저의 눈에는 졸음이 가득합니다. 집으로 돌아가는 사람들은 저를 쳐다보고 미소 짓습니다. 그것은 저를 부끄럽게 합니다. 저는 구걸하는 소녀처럼 제 옷자락을 끌어당겨 얼굴을 가립니다. 제가 원하는 것이 무엇인지 사람들이 물으면 저는 시선을 떨구고 그들에게 대답을 하지 못합니다.

오, 어찌 그들에게 제가 당신을 기다리고 있다고, 그리고 당신이 오시겠다는 약속을 했다고 말할 수 있을까요. 이 가난을 저의 지참금으로 가지고 있다고 부끄러워서 어떻게 입 밖에 낼 수 있을까요. 아, 저는 이 자부심을 가슴속 비밀로 간직할 뿐입니다.

I sit on the grass and gaze upon the sky and dream of the sudden splendour of thy coming--all the lights ablaze, golden pennons flying over thy car, and they at the roadside standing agape, when they see thee come down from thy seat to raise me from the dust, and set at thy side this ragged beggar girl a tremble with shame and pride, like a creeper in a summer breeze.

But time glides on and still no sound of the wheels of thy chariot. Many a procession passes by with noise and shouts and glamour of glory. Is it only thou who wouldst stand in the shadow silent and behind them all? And only I who would wait and weep and wear out my heart in vain longing?

저는 풀밭에 앉아 하늘을 바라보며 갑작스럽게 당신께서 오시는 장관을 꿈꿉니다. 온갖 광채로 빛을 뿜으며 황금색의 삼각 깃발들은 당신의 수레 위에서 펄럭입니다. 저를 흙먼지 속에서 일으켜 세워, 여름 산들바람 속 넝쿨처럼 부끄러움과 자랑스러움으로 몸을 떠는 누더기를 걸친 이 구걸하는 소녀를 당신의 곁에 두기 위해 당신께서 계신 수레에서 내려오시는 것을 볼 때, 그들은 놀라움에 말문이 막혀 길가에 서 있습니다.

하지만 시간은 흘러가고 당신 수레의 바퀴 소리는 아직 들리지 않습니다. 수많은 사람의 행렬이 시끄러운 소리, 외침, 화려한 뽐냄으로 지나갑니다. 그들 모두 뒤에 침묵으로 그림자에 서 계시는 것은 오직 당신이신가요? 그리고 헛된 동경으로 기다리고 울면서 저의 가슴을 지치게 하는 것은 단지 저인가요?

42

Early in the day it was whispered that we should sail in a boat, only thou and I, and never a soul in the world would know of this our pilgrimage to no country and to no end.

In that shoreless ocean, at thy silently listening smile my songs would swell in melodies, free as waves, free from all bondage of words.

Is the time not come yet? Are there works still to do? Lo, evening has come down upon the shore and in the fading light the seabirds come flying to their nests.

Who knows when the chains will be off, and the boat, like the last glimmer of sunset, vanish into the night?

42

이른 아침, 오직 당신과 저, 우리 둘은 배를 타고 떠나야 한다고, 그리고 이 세상의 어느 누구도 우리의 이 순례 여행이 어디로 갈지 어디가 끝일지에 대해서는 알지 못할 것이라는 속삭임이 들렸습니다.

그 해안도 없는 바다에서, 고요하게 귀 기울이는 당신의 미소에, 저의 노래는 파도처럼 자유롭고 모든 말의 굴레로부터 벗어나 선율로 날아 오를 것입니다.

아직 떠날 시간이 되지 않았는지요? 아직 해야 할 일이 남아 있는지요? 아, 저녁이 해변에 내려앉았습니다. 희미해져 가는 빛 속에서 바닷새들이 그들의 둥지로 날아가고 있습니다.

속박의 사슬이 끊어지고, 일몰의 마지막 한 가닥 빛처럼 작은 배가 밤 속으로 사라질 때를 누가 알까요?

43

The day was when I did not keep myself in readiness for thee; and entering my heart unbidden even as one of the common crowd, unknown to me, my king, thou didst press the signet of eternity upon many a fleeting moment of my life.

And today when by chance I light upon them and see thy signature, I find they have lain scattered in the dust mixed with the memory of joys and sorrows of my trivial days forgotten.

Thou didst not turn in contempt from my childish play among dust, and the steps that I heard in my playroom are the same that are echoing from star to star.

43

그 날은 제가 당신을 맞이할 준비가 되어 있지 않았습니다. 당신께서는 초대하지 않았는데도 제가 알지 못하는 평범한 무리들 중의 한 명으로 저의 마음 안에 들어왔습니다. 저의 왕이시여, 당신께서는 제 삶의 수많은 덧없는 순간들에 영원이라는 도장을 찍었습니다.

오늘 우연히 저는 지나간 순간들을 보고 거기서 당신의 서명을 보았습니다. 그 서명들은 잊혀진 저의 사소한 날들의 기쁨과 슬픔의 기억과 뒤섞인 채 먼지 속에 흩뿌려져 있었습니다.

당신께서는 먼저 속에서 저의 유치한 놀이에 경멸하며 돌아서지 않으셨습니다. 놀던 곳에서 제가 들었던 발자국들은 이 별에서 저 별로 전해지는 메아리와 같은 것이었습니다.

This is my delight, thus to wait and watch at the wayside where shadow chases light and the rain comes in the wake of the summer.

Messengers, with tidings from unknown skies, greet me and speed along the road. My heart is glad within, and the breath of the passing breeze is sweet.

From dawn till dusk I sit here before my door, and I know that of a sudden the happy moment will arrive when I shall see.

In the meanwhile I smile and I sing all alone. In the meanwhile the air is filling with the perfume of promise.

44

그림자가 빛을 뒤쫓아가고 비가 여름을 뒤따라 내립니다. 거기 선 채로 기다리고 바라보는 것, 이것은 저의 즐거움입니다.

미지의 하늘에서 소식을 가진 전령들이 저를 맞이하고는 길을 따라 서둘러 갑니다. 제 가슴은 기쁨으로 물들고, 지나가는 산들바람의 숨결은 달콤합니다.

새벽부터 황혼녘까지 저는 여기 문 앞에 앉아 있습니다. 제가 당신을 만날 행복한 순간이 불현듯 오리라는 것을 저는 압니다.

기다리는 동안 저는 미소 지으며 홀로 노래합니다. 그러는 동안 대기는 약속의 향기로 가득 찹니다.

45

Have you not heard his silent steps? He comes, comes, ever comes.

Every moment and every age, every day and every night he comes, comes, ever comes.

Many a song have I sung in many a mood of mind, but all their notes have always proclaimed, 'He comes, comes, ever comes.'

In the fragrant days of sunny April through the forest path he comes, comes, ever comes.

In the rainy gloom of July nights on the thundering chariot of clouds he comes, comes, ever comes.

In sorrow after sorrow it is his steps that press upon my heart, and it is the golden touch of his feet that makes my joy to shine.

45

그대는 그분의 조용한 발 소리를 듣지 못했습니까? 그분이 오십니다. 오십니다. 늘 오십니다.

모든 순간, 모든 시대, 모든 낮과 밤에 그분이 오십니다. 오십니다. 늘 오십니다.

마음의 기분에 따라 저는 수많은 노래를 불렀지만, 그 모든 곡조들은 항상 이것이었습니다. '그분이 오십니다. 오십니다. 늘 오십니다.' 였습니다.

화창한 4월의 향기로운 날에 숲길을 따라 그분이 오십니다. 오십니다. 늘 오십니다.

비 내리는 7월 밤의 어둠 속에서 우레 같은 구름의 전차를 타고 그분이 오십니다. 오십니다. 늘 오십니다.

슬픔 다음에 또 슬픔이 이어질 때 제 가슴을 밟는 것은 그분의 발소리입니다. 저의 기쁨을 빛나게 하는 것은 그분의 발의 황금빛 촉감입니다.

46

I know not from what distant time thou art ever coming nearer to meet me. Thy sun and stars can never keep thee hidden from me for aye.

In many a morning and eve thy footsteps have been heard and thy messenger has come within my heart and called me in secret.

I know not only why today my life is all astir, and a feeling of tremulous joy is passing through my heart.

It is as if the time were come to wind up my work, and I feel in the air a faint smell of thy sweet presence.

46

당신께서 저를 만나기 위해 얼마나 먼 시간으로부터 점점 더 가까이 오고 계시는지 저는 알지 못합니다. 당신의 태양과 별들은 당신을 제 시야에서 영원히 가릴 수 없습니다.

수많은 아침과 저녁에 당신의 발소리를 들어왔습니다. 당신께서 보내신 전령이 제 가슴에 찾아와 은밀히 저를 불렀습니다.

왜 오늘 제 삶이 온통 떠들썩하고, 떨리는 기쁨이 제 가슴을 휩쓸고 가는지 저는 알 수가 없습니다.

이제 제 일을 마무리 지을 시간이 온 것 같습니다. 저는 대기 중에서 당신의 감미로운 존재의 어렴풋한 향기를 느낍니다.

47

The night is nearly spent waiting for him in vain. I fear lest in the morning he suddenly come to my door when I have fallen asleep wearied out. Oh friends, leave the way open to him--- forbid him not.

If the sounds of his steps does not wake me, do not try to rouse me, I pray. I wish not to be called from my sleep by the clamorous choir of birds, by the riot of wind at the festival of morning light. Let me sleep undisturbed even if my lord comes of a sudden to my door.

Ah, my sleep, precious sleep, which only waits for his touch to vanish. Ah, my closed eyes that would open their lids only to the light of his smile when he stands before me like a dream emerging from darkness of sleep.

47

당신을 기다리느라 밤을 헛되이 보냈습니다. 아침에 제가 지쳐 잠들어 있을 때 그분께서 갑자기 제 문으로 찾아오실까 봐 두렵습니다. 오 친구들이여, 그분께서 오시도록 그분에게 길을 열어 주오.

그분의 발자국 소리가 저를 깨우지 못한다 해도, 바라건대 저를 깨우려고 하지 말기를. 저는 새들이 지저귀는 시끄러운 소리, 아침 햇살이 퍼지고 바람이 이는 향연의 소음으로 잠을 깨고 싶지는 않습니다. 저의 주인께서 갑자기 제 문앞에 찾아오신다 해도 나의 잠을 방해하지 말아다오.

아, 저의 잠, 오직 그분의 손길에 의해서 스러지기를 기다리는 소중한 잠. 아, 잠의 어둠에서 깨어나는 꿈처럼 그분께서 나타나 제 앞에 서 계실 때, 그분의 미소가 보내는 빛에 의해서만 눈꺼풀을 열어줄 아, 나의 감은 눈.

Let him appear before my sight as the first of all lights and all forms. The first thrill of joy to my awakened soul let it come from his glance. And let my return to myself be immediate return to him.

모든 빛과 형상들 중에서 첫 번째로 그분께서 제 앞에 나타나게 하소서. 잠에서 깨어난 제 영혼의 첫 황홀한 기쁨이 그분의 눈길로부터 오게 하소서. 그리고 제 자신에게로 돌아가는 것이 곧 그분에게 돌아가는 것이 되게 하소서.

—⊙⅋⊙—

The morning sea of silence broke into ripples of bird songs; and the flowers were all merry by the roadside; and the wealth of gold was scattered through the rift of the clouds while we busily went on our way and paid no heed.

We sang no glad songs nor played; we went not to the village for barter; we spoke not a word nor smiled; we lingered not on the way. We quickened our pace more and more as the time sped by.

The sun rose to the mid sky and doves cooed in the shade. Withered leaves danced and whirled in the hot air of noon. The shepherd boy drowsed and dreamed in the shadow of the banyan tree, and I laid myself down by the water and stretched my tired limbs on the grass.

48

침묵의 아침 바다는 새들의 노래의 잔물결로 부서졌습니다. 길가의 꽃들은 모두 즐거워했습니다. 구름의 갈라진 틈으로 수많은 황금빛 햇살이 흩뿌려졌지만 우리는 바삐 우리 길을 가느라 그것들에 눈길을 주지 않았습니다.

우리는 기쁜 노래를 부르지도 않았고 놀지도 않았습니다. 우리는 물물교환을 하러 마을에 가지도 않았습니다. 우리는 말을 하거나 웃지도 않았습니다. 우리는 길에서 꾸물거리지도 않았습니다. 시간이 흘러갈수록 우리는 점점 더 걸음을 재촉했습니다.

해가 중천에 떠올랐고, 비둘기들은 그늘에서 구구하며 울었습니다. 한낮의 뜨거운 대기 중에서 시든 나뭇잎들은 빙빙 춤을 추며 흔들거렸습니다. 양치기 소년은 반얀 나무 그늘 안에서 꾸벅꾸벅 졸면서 꿈을 꾸었고, 저는 물가에 누워 풀밭에 지친 팔과 다리를 뻗었습니다.

My companions laughed at me in scorn; they held their heads high and hurried on; they never looked back nor rested; they vanished in the distant blue haze. They crossed many meadows and hills, and passed through strange, far-away countries. All honour to you, heroic host of the interminable path! Mockery and reproach pricked me to rise, but found no response in me. I gave myself up for lost in the depth of a glad humiliation---in the shadow of a dim delight.

The repose of the sun-embroidered green gloom slowly spread over my heart. I forgot for what I had travelled, and I surrendered my mind without struggle to the maze of shadows and songs.

At last, when I woke from my slumber and opened my eyes, I saw thee standing by me, flooding my sleep with thy smile. How I had feared that the path was long and wearisome, and the struggle to reach thee was hard!

저의 친구들은 경멸하며 저를 비웃었습니다. 그들은 머리를 꼿꼿이 세우고 서둘러 가버렸습니다. 그들은 뒤돌아보지도, 쉬지도 않았습니다. 그들은 멀리 푸른 안개 속으로 사라졌습니다. 그들은 수많은 초원과 언덕을 가로질러, 낯선 먼 나라들을 지나갔습니다. 끝없이 이어지는 길의 영웅과도 같은 주인공인 그대들에게 모든 영광을! 조롱과 비난이 저를 일어나라고 자극했지만, 저에게서 아무런 반응도 찾지 못했습니다. 나는 기쁜 굴욕의 심연 속에, 어렴풋한 환희의 그늘 속에 자신을 내맡겼습니다.

태양이 수놓아진 초록빛 그늘이 주는 휴식이 천천히 저의 마음에 번졌습니다. 저는 무엇을 위해 여행하고 있었는지 잊은 채, 그늘과 노래의 미로에 제 마음을 저항없이 내주었습니다.

마침내, 잠에서 깨어 눈을 떴을 때, 저는 당신께서 제 곁에 서서 미소로 제 잠을 감싸고 있는 것을 보았습니다. 그 길이 멀고 지루할까 봐, 그리고 당신께 이르는 고난이 힘들까 봐 저는 얼마나 두려워했던지!

49

You came down from your throne and stood at my cottage door.

I was singing all alone in a corner, and the melody caught your ear. You came down and stood at my cottage door.

Masters are many in your hall, and songs are sung there at all hours. But the simple carol of this novice struck at your love. One plaintive little strain mingled with the great music of the world, and with a flower for a prize you came down and stopped at my cottage door.

49

당신께서는 왕좌에서 내려오시어 저의 오두막집 문 앞에 서 계셨습니다.

저는 모퉁이에서 홀로 노래하고 있었고, 그 곡조가 당신의 귀를 사로잡았습니다. 당신께서는 내려 오시어 저의 오두막집 문앞에 서 계셨습니다.

당신의 연회장에는 거장들이 많습니다. 그곳에서는 항상 노래가 울려퍼집니다. 하지만 이 풋내기의 소박한 캐럴이 당신의 사랑에 가 닿은 것입니다. 한 줄기 가냘 픈 하찮은 선율이 세상의 위대한 음악과 뒤섞였고, 당 신께서는 상으로 한 송이 꽃을 들고 내려오셔서 저의 오두막집 문 앞에 서 계십니다.

50

I had gone a-begging from door to door in the village path, when thy golden chariot appeared in the distance like a gorgeous dream and I wondered who was this King of all kings!

My hopes rose high and methought my evil days were at an end, and I stood waiting for alms to be given unasked and for wealth scattered on all sides in the dust.

The chariot stopped where I stood. Thy glance fell on me and thou camest down with a smile. I felt that the luck of my life had come at last. Then of a sudden thou didst hold out thy right hand and say 'What hast thou to give to me?'

Ah, what a kingly jest was it to open thy palm to a beggar to beg! I was confused and stood undecided, and then from my wallet I slowly took out the least little grain of corn and gave it to thee.

50

당신의 황금 수레가 멀리서 아주 멋진 꿈처럼 나타
났을 때, 저는 마을 길에서 이 집 저 집 구걸을 다니고
있었습니다. 모든 왕 중의 왕인 이 왕이 누구이신지 궁
금했습니다!

저의 희망은 높이 솟았고, 저의 불우한 날들은 끝났
다고 생각했습니다. 저는 청하지 않아도 주어지는 베풀
어주심과 먼지 속에서 사방에 흩뿌려지는 부귀를 기다
리며 서 있었습니다.

수레는 제가 서 있는 곳에 멈추었습니다. 당신의 눈
길이 저에게 닿았고, 당신께서는 미소를 지으며 수레에
서 내려오셨습니다. 제 삶의 행운이 마침내 찾아왔다고
저는 느꼈습니다. 그때 갑자기 당신께서 오른손을 내밀
며 말씀하셨습니다. '그대는 나에게 무엇을 주려는가?'

아, 구걸하는 자에게 구걸하려 당신의 손바닥을 펴
는 왕다운 농담이시라니! 저는 당황하여 어찌할 바를
모른 채 서 있다가 들고 다니는 것에서 천천히 아주 작
은 옥수수 알갱이 하나를 꺼내어 당신께 드렸습니다.

But how great my surprise when at the day's end I emptied my bag on the floor to find a least little gram of gold among the poor heap. I bitterly wept and wished that I had had the heart to give thee my all.

하지만 날이 저물어 가방을 바닥에 비웠을 때, 초라한 물건들 속에서 아주 작은 금 조각을 발견한 저의 놀라움이 얼마나 컸는지. 저는 비통하게 울며 제 모든 것을 당신께 바칠 수 있었다면 좋았을 텐데 하고 생각했습니다.

The night darkened. Our day's works had been done. We thought that the last guest had arrived for the night and the doors in the village were all shut. Only some said the king was to come. We laughed and said 'No, it cannot be!'

It seemed there were knocks at the door and we said it was nothing but the wind. We put out the lamps and lay down to sleep. Only some said, 'It is the messenger!' We laughed and said 'No, it must be the wind!'

There came a sound in the dead of the night. We sleepily thought it was the distant thunder. The earth shook, the walls rocked, and it troubled us in our sleep. Only some said it was the sound of wheels. We said in a drowsy murmur, 'No, it must be the rumbling of clouds!'

51

밤이 길어졌습니다. 우리의 하루의 일도 다 했습니다. 마을의 문들이 모두 닫혔고, 우리는 그날 밤 묵을 마지막 손님이 도착했다고 생각했습니다. 몇몇 사람만이 왕이 오실 것이라고 말했습니다. 우리는 웃으며 말했습니다, '아니, 그럴 리가 없다!'

문 두드리는 소리가 나는 것 같기도 했지만, 우리는 그것이 그냥 바람일 거라고 말했습니다. 우리는 등불을 끄고 잠을 자려고 누웠습니다. 단지 몇몇 사람만이, '전령이다!'라고 말했습니다. 우리는 웃으며 말했습니다, '아니, 그것은 분명 바람이다!'

모두가 잠든 한밤중에 소리가 들렸습니다. 우리는 잠결에 그것이 멀리서 나는 천둥소리일 것이라고 생각했습니다. 땅이 흔들렸고 벽이 움직여 우리는 잠을 잘 수 없었습니다. 몇몇 사람만이 그것이 바퀴 소리라고 말했습니다. 우리는 졸려 중얼거리며 말했습니다. '아니, 그것은 분명 구름이 우르릉거리는 소리야!'

The night was still dark when the drum sounded. The voice came 'Wake up! delay not!' We pressed our hands on our hearts and shuddered with fear. Some said, 'Lo, there is the king's flag!' We stood up on our feet and cried 'There is no time for delay!'

The king has come---but where are lights, where are wreaths? Where is the throne to seat him? Oh, shame! Oh utter shame! Where is the hall, the decorations? Someone has said, 'Vain is this cry! Greet him with empty hands, lead him into thy rooms all bare!'

Open the doors, let the conch-shells be sounded! in the depth of the night has come the king of our dark, dreary house. The thunder roars in the sky. The darkness shudders with lightning. Bring out thy tattered piece of mat and spread it in the courtyard. With the storm has come of a sudden our king of the fearful night.

북소리가 울렸을 때 밤은 여전히 어두웠습니다. '깨어나라! 지체하지 말라!'라는 목소리가 들렸습니다. 우리는 두 손을 가슴에 누르고 두려움에 몸을 떨었습니다. 누군가 말했습니다, '보라, 왕의 깃발이다!' 우리는 일어서서 외쳤습니다, '머뭇거릴 시간이 없다!'

왕이 오셨습니다. 그런데 등불은 어디에 있고 화환은 어디에 있는가? 그분이 앉을 옥좌는 어디에 있는가? 오, 부끄럽도다! 오 정말로 부끄럽도다! 연회장과 꽃다발은 어디에 있는가? 누군가 말했습니다, '이렇게 울어 봤자 소용이 없다! 빈손으로 그분을 맞이하고, 그대의 빈 방으로 그분을 안내하라!'

문을 열고 소라고둥을 불라! 한밤중에 왕께서 우리의 어둡고 음울한 집에 오셨다. 하늘에서 천둥이 으르렁거린다. 어둠이 번개에 몸을 떤다. 그대의 다 해진 자리라도 꺼내 와서 마당에 펴라. 두려운 밤의 우리의 왕께서 폭풍과 함께 갑자기 찾아 오셨다.

52

I thought I should ask of thee---but I dared not---the rose wreath thou hadst on thy neck. Thus I waited for the morning, when thou didst depart, to find a few fragments on the bed. And like a beggar I searched in the dawn only for a stray petal or two.

Ah me, what is it I find? What token left of thy love? It is no flower, no spices, no vase of perfumed water. It is thy mighty sword, flashing as a flame, heavy as a bolt of thunder. The young light of morning comes through the window and spread itself upon thy bed. The morning bird twitters and asks, 'Woman, what hast thou got?' No, it is no flower, nor spices, nor vase of perfumed water---it is thy dreadful sword.

I sit and muse in wonder, what gift is this of thine. I can find no place to hide it. I am ashamed to wear it, frail as I am, and it hurts me when press

52

─♡─

당신께서 목에 두르신 장미 화환을 주시라고 당신께 부탁드리고 싶었지만 감히 그러지를 못했습니다. 그래서 저는 침대에서 작은 부스러기나마 찾을까 해서 당신이 떠나실 아침을 기다렸습니다. 구걸하는 사람처럼 새벽녘에 떨어진 꽃잎 한두 장만을 겨우 찾았습니다.

아, 제가 찾은 이것은 무엇입니까? 당신의 사랑이 남긴 징표는 무엇입니까? 그것은 꽃도 아니고, 향신료도 아니고, 향수가 담긴 병도 아닙니다. 그것은 불꽃처럼 번쩍이고, 번개처럼 무거운 당신의 커다란 검입니다. 아침의 여린 빛이 창을 통해 들어와 당신의 잠자리에 퍼집니다. 아침 새가 지저귀며 묻습니다. '여인이여, 그대는 무엇을 얻었나요?' 아니, 그것은 꽃도, 향신료도, 향수가 담긴 병도 아닙니다. 그것은 당신의 무서운 검입니다.

저는 놀라서 당신께서 주신 이 선물이 무엇인지, 앉아서 골똘히 생각합니다. 저는 그것을 감출 장소를 찾을 수 없습니다. 저는 너무나 연약하기에 그것을 차

it to my bosom. Yet shall I bear in my heart this honour of the burden of pain, this gift of thine.

From now there shall be no fear left for me in this world, and thou shalt be victorious in all my strife. Thou hast left death for my companion and I shall crown him with my life. Thy sword is with me to cut asunder my bonds, and there shall be no fear left for me in the world.

From now I leave off all petty decorations. Lord of my heart, no more shall there be for me waiting and weeping in corners, no more coyness and sweetness of demeanour. Thou hast given me thy sword for adornment. No more doll's decorations for me!

기가 부끄럽습니다. 제 가슴에 품으면 그것은 저에게 상처를 입힙니다. 하지만 저는 이 고통이라는 영광의 짐, 당신의 이 선물을 제 가슴에 지닐 것입니다.

이제부터 이 세상에는 제가 두려워할 것이란 아무것도 없습니다. 저의 모든 싸움에서 당신은 승리를 거둘 것입니다. 당신께서는 죽음을 저의 동반자로 남겨두셨고, 저는 저의 생명으로 그에게 왕관을 씌울 것입니다. 당신의 검은 저의 속박을 잘라내기 위하여 저와 함께 있습니다. 이 세상에는 제가 두려워해야 할 것은 아무것도 없습니다.

이제부터 저는 모든 하찮은 꾸밈을 버릴 것입니다. 제 가슴의 주인이시여, 더 이상 제가 모퉁이에서 기다리고 우는 일은 없을 것입니다. 수줍어하거나 상냥한 태도도 없을 것입니다. 당신은 제게 장식으로 당신의 검을 주셨습니다. 더 이상 제게 꼭두각시 같은 장식은 없습니다!

53

Beautiful is thy wristlet, decked with stars and cunningly wrought in myriad-coloured jewels. But more beautiful to me thy sword with its curve of lightning like the outspread wings of the divine bird of Vishnu, perfectly poised in the angry red light of the sunset.

It quivers like the one last response of life in ecstasy of pain at the final stroke of death; it shines like the pure flame of being burning up earthly sense with one fierce flash.

Beautiful is thy wristlet, decked with starry gems; but thy sword, O lord of thunder, is wrought with uttermost beauty, terrible to behold or think of.

53

별들로 장식되고 무수히 많은 빛깔의 보석들로 정교
하게 세공된 당신의 팔찌는 아름답습니다. 하지만 해
질 녘 성난 듯 타오르는 붉은 빛으로 완벽하게 균형을
이룬, 비슈누*의 신성한 새**의 활짝 편 날개와도 같이
번개의 굴곡을 가진 당신의 검이 저에게는 더 아름답
습니다.

죽음의 마지막 화살을 받아 고통의 황홀경 속에서
생명의 마지막 반응처럼 그것은 떨립니다. 한줄기 무서
운 번갯불로 세상의 감각을 다 태워 없애버리는 순수한
불꽃처럼 그것은 빛납니다.

별과 같은 보석들로 장식된 당신의 팔찌는 아름답습
니다. 하지만 오 천둥의 주인이시여, 당신의 검은 극도
의 아름다움으로 세공이 되어, 바라보거나 생각하는 것
조차 두렵습니다.

* 신의 화신.
** 비슈누 신이 이동할 때 탄다는 새. 가루다.

54

I asked nothing from thee; I uttered not my name to thine ear. When thou took'st thy leave I stood silent. I was alone by the well where the shadow of the tree fell aslant, and the women gone home with their brown earthen pitchers full to the brim. They called me and shouted, 'Come with us, the morning is wearing on to noon.' But I languidly lingered awhile lost in the midst of vague musings.

I heard not thy steps as thou camest. Thine eyes were sad when they fell on me; thy voice was tired as thou spokest low--- 'Ah, I am a thirsty traveller.' I started up from my day-dreams and poured water from my jar on thy joined palms. The leaves rustled overhead; the cuckoo sang from the unseen dark, and perfume of babla flowers came from the bend of the road.

54

저는 당신께 아무것도 청하지 않았습니다. 저는 당신의 귀에 저의 이름을 말하지 않았습니다. 당신께서 떠나가실 때 저는 조용히 서 있었습니다. 저는 나무 그늘이 엇비슷이 비껴가는 우물 옆에 홀로 있었습니다. 여인들은 철철 넘치도록 채운 갈색 흙 물동이를 이고 집으로 가고 있었습니다. 그들은 저를 부르며 소리쳤습니다, '우리와 함께 가요, 아침이 지나 점심이 되고 있어요.' 하지만 저는 흐릿한 명상에 잠겨서 잠시 노곤하게 머물렀습니다.

당신께서 오셨을 때 저는 당신의 발 소리를 듣지 못했습니다. 당신의 눈길이 제게 떨어졌을 때 그 눈빛은 슬펐습니다. 당신의 목소리가 나지막하게 이야기했을 때 그 목소리는 지쳐 있었습니다. '아, 나는 목마른 여행자요.' 저는 놀라 한낮의 꿈에서 깨어나 당신의 모은 손에 항아리의 물을 부어 드렸습니다. 나뭇잎들이 머리 위에서 바스락거렸습니다. 뻐꾸기가 보이지 않는 어둠 속에서 노래했고, 바블라 꽃향기가 길모퉁이를 돌아 나왔습니다.

I stood speechless with shame when my name thou didst ask. Indeed, what had I done for thee to keep me in remembrance? But the memory that I could give water to thee to allay thy thirst will cling to my heart and enfold it in sweetness. The morning hour is late, the bird sings in weary notes, neem leaves rustle overhead and I sit and think and think.

당신께서 저의 이름을 물으셨을 때 저는 부끄러워 말없이 서 있었습니다. 진실로 당신이 저를 기억하실만 한 어떤 일을 저는 했던가요? 하지만 당신의 목마름을 풀어드리기 위해 당신께 물을 드렸던 기억이 저의 가슴에 남아 그것을 부드럽게 감쌉니다. 아침 시간이 늦어, 새는 지친 곡조를 노래하고, 님 나뭇잎은 머리 위에서 바스락거립니다. 저는 앉아서 명상에 잠깁니다.

55

Languor is upon your heart and the slumber is still on your eyes.

Has not the word come to you that the flower is reigning in splendour among thorns? Wake, oh awaken! let not the time pass in vain!

At the end of the stony path, in the country of virgin solitude, my friend is sitting all alone. Deceive him not. Wake, oh awaken!

What if the sky pants and trembles with the heat of the midday sun---what if the burning sand spreads its mantle of thirst---

Is there no joy in the deep of your heart? At every footfall of yours, will not the harp of the road break out in sweet music of pain?

55

너의 마음에는 나른함이 있고 너의 눈에는 여전히 졸음이 있다.

가시덩굴 사이에서 꽃이 만발하게 피어있다는 말이 아직 너에게 가지 않았는가? 잠을 깨라, 오 깨어나라! 시간을 쓸데없이 보내지 말라!

돌투성이의 길 끝에, 누구도 밟지 않은 고독의 땅에, 내 친구가 홀로 앉아 있으니 그를 속이지 말라. 잠을 깨라, 오 깨어나라!

한낮 태양의 열기로 하늘이 가쁜 숨을 몰아쉬며 떨고 있다 해도, 타들어가는 모래가 갈증의 옷자락을 펼치고 있다 해도, 어떤가.

너의 가슴 깊은 곳에 아무런 기쁨이 없는가? 너의 모든 발자국마다, 길의 하프가 되어 아픔의 감미로운 음악을 연주하지 않을 것인가?

56

Thus it is that thy joy in me is so full. Thus it is that thou hast come down to me. O thou lord of all heavens, where would be thy love if I were not?

Thou hast taken me as thy partner of all this wealth. In my heart is the endless play of thy delight. In my life thy will is ever taking shape.

And for this, thou who art the King of kings hast decked thyself in beauty to captivate my heart. And for this thy love loses itself in the love of thy lover, and there art thou seen in the perfect union of two.

56

이렇게 당신의 기쁨이 제 안에 가득합니다. 이렇게 당신은 저에게 내려오셨습니다. 오 모든 하늘의 주인이신 당신, 제가 없었다면 당신의 사랑은 어디에 있겠습니까?

당신은 저를 이 모든 부의 동반자로 삼으셨습니다. 제 가슴 속에는 당신의 환희의 영원한 유희가 있습니다. 제 삶에서 당신의 뜻은 언제나 나타나고 있습니다.

그리고 이 때문에, 왕 중의 왕이신 당신께서는 저의 마음을 사로잡기 위해 자신을 아름답게 꾸미셨습니다. 그리고 이 때문에 당신의 사랑은 당신께서 사랑하시는 연인의 사랑 속으로 녹아듭니다. 그 둘의 완전한 결합 가운데 비로소 당신의 모습이 보입니다.

―◦♭◦―

Light, my light, the world-filling light, the eye-kissing light, heart-sweetening light!

Ah, the light dances, my darling, at the centre of my life; the light strikes, my darling, the chords of my love; the sky opens, the wind runs wild, laughter passes over the earth.

The butterflies spread their sails on the sea of light. Lilies and jasmines surge up on the crest of the waves of light.

The light is shattered into gold on every cloud, my darling, and it scatters gems in profusion.

Mirth spreads from leaf to leaf, my darling, and gladness without measure. The heaven's river has drowned its banks and the flood of joy is abroad.

57

빛, 저의 빛, 세상을 채우는 빛, 눈에 입맞춤하는 빛, 마음을 감미롭게 하는 빛이여!

아, 저의 사랑이시여, 빛이 제 삶의 한 가운데에서 춤을 춥니다. 제가 사랑하는 분이시여, 빛이 제 사랑의 현을 연주합니다. 하늘이 열리고, 바람이 거칠게 불고, 웃음이 대지 위를 스치고 지나갑니다.

나비들은 빛의 바다에서 그들의 돛을 펼칩니다. 백합과 재스민들은 빛의 물마루들을 타고 춤춥니다.

사랑하는 분이시여, 빛은 모든 구름마다 황금색으로 산산이 부서져서 보석들을 흩뿌립니다.

사랑하는 분이시여, 웃음소리가 이 잎에서 저 잎으로 퍼져 나갑니다. 환희는 그지없습니다. 하늘의 강은 둑을 터뜨려 기쁨의 홍수로 넘칩니다.

58

Let all the strains of joy mingle in my last song---the joy that makes the earth flow over in the riotous excess of the grass, the joy that sets the twin brothers, life and death, dancing over the wide world, the joy that sweeps in with the tempest, shaking and waking all life with laughter, the joy that sits still with its tears on the open red lotus of pain, and the joy that throws everything it has upon the dust, and knows not a word.

58

모든 기쁨의 선율이 저의 마지막 노래와 어우러지게 하소서. 대지가 시끌벅적하게 많은 풍성한 풀로 넘쳐흐르게 만드는 기쁨, 넓은 땅에서 춤추는 삶과 죽음이라는 쌍둥이 형제를 만들어내는 기쁨, 모든 생명을 웃음으로 뒤흔들어 깨워 폭풍으로 쓸어버리는 기쁨, 활짝핀 빨간 고통의 연꽃에 눈물을 흘리며 묵묵히 앉아 있는 기쁨, 그리고 그것이 가진 모든 것을 먼지 속에 던져버리고, 아무 말도 하지 않는 기쁨.

59

Yes, I know, this is nothing but thy love, O beloved of my heart---this golden light that dances upon the leaves, these idle clouds sailing across the sky, this passing breeze leaving its coolness upon my forehead.

The morning light has flooded my eyes---this is thy message to my heart. Thy face is bent from above, thy eyes look down on my eyes, and my heart has touched thy feet.

59

네, 저는 압니다, 이 모든 것이 단지 당신의 사랑입니다. 오 제 마음 깊이 사랑하는 분이시여, 나뭇잎들 위에서 춤추는 이 황금빛 햇살, 하늘을 가로질러 흘러가는 이 한가한 구름들도, 저의 이마에 서늘함을 남기고 지나가는 산들바람도 당신의 사랑이십니다.

아침 햇살은 저의 눈에 범람합니다. 이것은 당신께서 제 마음에 전하는 메시지입니다. 당신의 얼굴은 저 높은 곳으로부터 수그리시고, 당신의 눈은 저의 눈을 내려다보십니다. 저의 마음은 당신의 발에 닿습니다.

*On the seashore of endless worlds children meet.
The infinite sky is motionless overhead and the
restless water is boisterous. On the seashore of
endless worlds the children meet with shouts and
dances.*

*They build their houses with sand and they
play with empty shells. With withered leaves they
weave their boats and smilingly float them on the
vast deep. Children have their play on the seashore
of worlds.*

*They know not how to swim, they know not
how to cast nets. Pearl fishers dive for pearls,
merchants sail in their ships, while children gather
pebbles and scatter them again. they seek not for
hidden treasures, they know not how to cast nets.*

*The sea surges up with laughter and pale gleams
the smile of the sea beach. Death-dealing waves*

60

끝없는 세계의 해변에 아이들이 만납니다. 끝도 없
는 하늘이 움직임 없이 머리 위에 펼쳐져 있고, 들썩이
는 물은 잠시도 가만히 있을 줄을 모릅니다. 끝없는 세
계의 해변에 아이들이 만나 소리 지르고 춤을 춥니다.

아이들은 모래로 집을 짓고 빈 조개껍질을 가지고
놉니다. 말라버린 나뭇잎으로 아이들은 배들을 엮고는
미소를 지으며 드넓고 깊은 바다로 그것들을 띄웁니다.
아이들이 세계의 해변에서 놀이를 합니다.

아이들은 헤엄칠 줄도 모르며 그들은 그물 던지는 법
도 모릅니다. 진주 조개잡이는 진주를 캐러 물속으로 뛰
어들고, 상인들은 배를 타고 항해를 하지만, 아이들은
조약돌을 모았다가 다시 그것들을 흐트리뜨립니다. 아
이들은 숨겨진 보물을 찾지도 않으며, 그물 던지는 법도
모릅니다.

바다는 웃으며 파도들로 밀려들고 해변의 미소는
창백하게 빛납니다. 죽음을 실어 오는 파도들이 아기
의 요람을 흔드는 어머니처럼 아이들에게 뜻도 모를

sing meaningless ballads to the children, even like a mother while rocking her baby's cradle. The sea plays with children, and pale gleams the smile of the sea beach.

On the seashore of endless worlds children meet. Tempest roams in the pathless sky, ships get wrecked in the trackless water, death is abroad and children play. On the seashore of endless worlds is the great meeting of children.

노래를 불러 줍니다. 바다는 아이들과 함께 놀고, 해변은 창백한 미소로 환하게 빛납니다.

끝없는 세계의 해변에 아이들이 만납니다. 폭풍우는 길도 없는 하늘에서 배회하고, 배들은 인적 없는 바다에서 난파되고, 죽음이 널리 있는데, 아이들은 놀이를 합니다. 끝없는 세계의 해변에 아이들이 가득 모여 있습니다.

61

The sleep that flits on baby's eyes---does anybody know from where it comes? Yes, there is a rumour that it has its dwelling where, in the fairy village among shadows of the forest dimly lit with glow-worms, there hang two timid buds of enchantment. From there it comes to kiss baby's eyes.

The smile that flickers on baby's lips when he sleeps---does anybody know where it was born? Yes, there is a rumour that a young pale beam of a crescent moon touched the edge of a vanishing autumn cloud, and there the smile was first born in the dream of a dew-washed morning---the smile that flickers on baby's lips when he sleeps.

The sweet, soft freshness that blooms on baby's limbs---does anybody know where it was hidden so long? Yes, when the mother was a young girl it lay pervading her heart in tender and silent mystery of

61

아기의 눈에 잠이 스쳐갑니다. 그 잠이 어디에서 오는지 아는 사람 있나요? 그렇습니다. 개똥벌레가 희미하게 불을 밝히는 숲 그늘에 요정의 마을이 있고, 그곳에 겁 많은 마법의 꽃봉오리 두 개가 걸려있다는 소문이 있습니다. 잠은 아기의 눈에 입 맞추기 위해 그곳에서 옵니다.

아기가 잠잘 때 그의 입술에 깜빡거리는 미소, 그것이 어디에서 오는지 누가 아는 사람 있나요? 그렇습니다, 초승달의 여리고 창백한 빛이 사라져 가는 가을 구름이 가장자리를 어루만졌고, 그곳에서 이슬로 씻은 아침의 꿈속에서 미소가 처음 생겨났다는 소문이 있습니다. 아기가 잠잘 때 그의 입술에 깜빡거리는 미소가.

아기의 팔다리에서 피어나는 달콤하고 부드러운 상쾌함이 그렇게 오랫동안 어디에 숨겨져 있었는지 누가 아는 사람 있나요? 그렇습니다. 엄마가 어린 소녀였을 때 그것은 부드럽고 조용한 사랑의 신비로 그녀의 가슴

love---the sweet, soft freshness that has bloomed on baby's limbs.

에 스며들어 있었습니다. 아기의 팔다리에서 피어나는
달콤하고 부드러운 상쾌함이.

―⚬ᢙ⚬―

When I bring to you coloured toys, my child, I understand why there is such a play of colours on clouds, on water, and why flowers are painted in tints---when I give coloured toys to you, my child.

When I sing to make you dance I truly now why there is music in leaves, and why waves send their chorus of voices to the heart of the listening earth---when I sing to make you dance.

When I bring sweet things to your greedy hands I know why there is honey in the cup of the flowers and why fruits are secretly filled with sweet juice---when I bring sweet things to your greedy hands.

When I kiss your face to make you smile, my darling, I surely understand what pleasure streams from the sky in morning light, and what delight that is that is which the summer breeze brings to my body---when I kiss you to make you smile.

62

-ഛ-

내가 너에게 여러 색깔의 장난감을 가져다줄 때, 나의 아이야, 구름에, 그리고 물에 왜 그러한 색깔들의 유희가 있는지, 왜 꽃들이 여러 색깔로 물들어 있는지를 알게 되는구나. 내가 너에게 여러 색깔의 장난감을 줄 때, 나의 아이야.

내가 너를 춤추게 하려고 노래를 불러줄 때, 나는 이제 왜 나뭇잎에 음악이 있는지, 왜 파도들이 귀 기울이는 대지의 가슴에 그들의 합창의 목소리를 보내는지를 알게 되는구나. 내가 너를 춤추게 하려고 노래를 불러줄 때.

내가 너의 욕심 많은 손에 달콤한 것들을 가져다줄 때, 왜 꽃 안에 꿀이 있는지, 왜 과일들이 달콤한 과즙으로 몰래 채워져 있는지를 알게 되는구나. 내가 너의 욕심 많은 손에 달콤한 것들을 가져다줄 때.

내가 너를 미소 짓게 하려고 너의 얼굴에 입 맞출 때, 나의 사랑하는 아이야, 아침 햇살의 하늘에서 흘러나오는 즐거움이 어떤 것인지, 여름 산들바람이 내 몸에 가져다주는 즐거움이 어떤 것인지, 나는 확실히 알게 되는구나. 내가 너를 미소 짓게 하려고 너의 얼굴에 입 맞출 때.

63

Thou hast made me known to friends whom I knew not. Thou hast given me seats in homes not my own. Thou hast brought the distant near and made a brother of the stranger.

I am uneasy at heart when I have to leave my accustomed shelter; I forget that there abides the old in the new, and that there also thou abidest.

Through birth and death, in this world or in others, wherever thou leadest me it is thou, the same, the one companion of my endless life who ever linkest my heart with bonds of joy to the unfamiliar.

When one knows thee, then alien there is none, then no door is shut. Oh, grant me my prayer that I may never lose the bliss of the touch of the one in the play of many.

63

~ひ~

　당신께서는 제가 알지 못하는 친구들을 알게 해 주셨습니다. 당신께서는 제 집이 아닌 곳에 살게 해 주셨습니다. 당신께서는 먼 것을 가까이 가져오셨고 낯선 사람을 형제로 삼게 해 주셨습니다.

　정든 곳을 떠나야 할 때 저는 마음이 편치 않습니다. 새 것 속에 옛 것이 들어있다는 것을, 그곳에도 당신께서 계시다는 것을 저는 잊었습니다.

　태어나 죽고 이승에서나 저승을 통해 당신이 저를 어디로 데려가신다 해도, 언제나 기쁨의 끈으로 제 마음을 익숙하지 않은 곳과 연결시켜 주시는 한결같으신 분, 저의 유일한 영원한 삶의 동반자는 당신이십니다.

　누군가 당신을 알면, 낯선 이는 아무도 없고, 닫힌 문은 그 어디에도 없습니다. 오, 많은 유희에서 유일한 분의 어루만짐의 축복을 결코 놓치지 않게 해 달라는 저의 기도를 들어 주소서.

64

On the slope of the desolate river among tall grasses I asked her, 'Maiden, where do you go shading your lamp with your mantle? My house is all dark and lonesome---lend me your light!' she raised her dark eyes for a moment and looked at my face through the dusk. 'I have come to the river,' she said, 'to float my lamp on the stream when the daylight wanes in the west.' I stood alone among tall grasses and watched the timid flame of her lamp uselessly drifting in the tide.

In the silence of gathering night I asked her, 'Maiden, your lights are all lit---then where do you go with your lamp? My house is all dark and lonesome---lend me your light.' She raised her dark eyes on my face and stood for a moment doubtful. 'I have come,' she said at last, 'to dedicate my lamp to the sky.' I stood and watched her light uselessly

→∘i∘←

무성히 자란 풀들 사이 황량한 강기슭에서 나는 그
녀에게 물었습니다, '아가씨, 옷자락으로 등불을 가리
고 어디로 갑니까? 나의 집은 아주 어둡고 적막합니다.
당신의 등불을 빌려주세요!' 그녀는 잠시 검은 눈을 들
어 어스름을 통해 나의 얼굴을 바라보았습니다. '나는
해가 서쪽으로 기울면 강물에 등불을 띄우려고 강에 왔
습니다.' 나는 높게 자란 풀들 사이에 홀로 서서 부질없
이 물결에 떠가는 그녀의 등불의 희미한 불빛을 바라보
았습니다.

깊어 가는 밤의 고요함 속에서 나는 그녀에게 물었습
니다, '아가씨, 당신의 등불이 다 켜졌습니다. 등불을 들
고 어디로 갑니까? 나의 집은 아주 어둡고 적막합니다.
당신의 등불을 빌려주세요!' 그녀는 검은 눈을 들어 나
를 보고 잠시 석연치 않게 서 있었습니다. 마침내 그녀가
말했습니다. '나는 하늘에 나의 등불을 바치려고 왔습니
다.' 나는 서서 그녀의 등불이 부질없이 허공 속에서 타
고 있는 것을 바라보았습니다.

burning in the void.

In the moonless gloom of midnight I ask her, 'Maiden, what is your quest, holding the lamp near your heart? My house is all dark and lonesome--- lend me your light.' She stopped for a minute and thought and gazed at my face in the dark. 'I have brought my light,' she said, 'to join the carnival of lamps.' I stood and watched her little lamp uselessly lost among lights.

달도 뜨지 않는 한밤의 어둠 속에서 나는 그녀에게 물었습니다, '아가씨, 등불을 가슴 가까이 끌어안고 당신이 찾는 것은 무엇입니까? 나의 집은 아주 어둡고 적막합니다. 당신의 등불을 빌려주세요!' 그녀는 잠시 멈춰서 생각하고는 어둠 속에서 나의 얼굴을 바라보았습니다. 그녀는 말했습니다, '나는 등불축제에 참가하려고 등불을 가지고 왔습니다.' 나는 서서 그녀의 작은 등불이 부질없이 불들 사이로 사라져 가는 것을 바라보았습니다.

65

What divine drink wouldst thou have, my God, from this overflowing cup of my life?

My poet, is it thy delight to see thy creation through my eyes and to stand at the portals of my ears silently to listen to thine own eternal harmony?

Thy world is weaving words in my mind and thy joy is adding music to them. Thou givest thyself to me in love and then feelest thine own entire sweetness in me.

65

저의 신이시여, 이 넘쳐흐르는 저의 생명의 잔으로
부터 당신은 무슨 신주를 마시려 하십니까?

저의 시인이시여, 저의 눈을 통해 당신의 창조물을
바라보시고 제 귓가에 서서 당신의 영원한 하모니를 듣
는 것이 당신의 즐거움이십니까?

당신의 세계가 제 마음 속에서 말을 짜고 계시며, 당
신의 기쁨은 그것에 음악을 더하십니다. 당신께서는 사
랑으로 당신 스스로를 저에게 주시어, 제 안에서 당신
스스로의 모든 감미로움을 느끼십니다.

66

She who ever had remained in the depth of my being, in the twilight of gleams and of glimpses; she who never opened her veils in the morning light, will be my last gift to thee, my God, folded in my final song.

Words have wooed yet failed to win her; persuasion has stretched to her its eager arms in vain.

I have roamed from country to country keeping her in the core of my heart, and around her have risen and fallen the growth and decay of my life.

Over my thoughts and actions, my slumbers and dreams, she reigned yet dwelled alone and apart.

many a man knocked at my door and asked for her and turned away in despair.

There was none in the world who ever saw her face to face, and she remained in her loneliness waiting for thy recognition.

66

새벽의 어슴푸레하고 어렴풋한 빛 속에서, 제 안 깊숙한 곳에 언제나 머물러있던 그녀, 아침 햇살에도 결코 베일을 벗지 않았던 그녀를, 저의 신이시여, 제 마지막 노래로 감싸서 저의 마지막 선물로 당신께 드립니다.

어떠한 말로도 그녀를 얻는 데 실패했습니다. 설득이 그녀에게 간절한 두 팔을 뻗었지만 실패했습니다.

저는 제 가슴속 깊은 곳에 그녀를 간직한 채 이 나라 저 나라로 떠돌아다녔습니다. 그녀의 주위에서 제 삶의 흥망성쇠가 솟았다가 가라앉았습니다.

저의 생각과 행동을, 저의 잠과 꿈을 그녀가 지배했습니다. 그러나 그녀는 홀로 떨어져 살았습니다.

많은 사람들이 저의 문을 두드리고 그녀를 보려했으나 절망하여 돌아갔습니다.

그녀의 얼굴을 바로 본 사람은 이 세상엔 아무도 없습니다. 그녀는 당신께서 알아주실 때를 외롭게 기다리고 있습니다.

Thou art the sky and thou art the nest as well.

O thou beautiful, there in the nest is thy love that encloses the soul with colours and sounds and odours.

There comes the morning with the golden basket in her right hand bearing the wreath of beauty, silently to crown the earth.

And there comes the evening over the lonely meadows deserted by herds, through trackless paths, carrying cool draughts of peace in her golden pitcher from the western ocean of rest.

But there, where spreads the infinite sky for the soul to take her flight in, reigns the stainless white radiance. There is no day nor night, nor form nor colour, and never, never a word.

67

당신은 하늘이시며 또한 둥지이십니다.

오, 아름다운 당신이시여, 둥지 속에는 색과 소리와 향기로 영혼을 감싸는 당신의 사랑이 있습니다.

아침이 오른손에 황금 바구니를 들고 거기에 아름다운 화환을 담아 말없이 대지 위에 왕관을 씌웁니다.

흔적도 없는 길을 통해, 가축의 무리들이 사라진 쓸쓸한 풀밭 위로 휴식의 서쪽 바다로부터 저녁이 황금 물병에 시원한 평화의 물을 담아 옵니다.

하지만 영혼이 날 수 있는 무한한 하늘이 펼쳐진 그곳에서는 때 묻지 않은 하얀 광채가 나타납니다. 그곳에는 낮도 밤도 없고, 형체도 색도 없습니다. 한 마디의 말도 없습니다.

68

―⚬―

Thy sunbeam comes upon this earth of mine with arms outstretched and stands at my door the livelong day to carry back to thy feet clouds made of my tears and sighs and songs.

With fond delight thou wrappest about thy starry breast that mantle of misty cloud, turning it into numberless shapes and folds and colouring it with hues everchanging.

It is so light and so fleeting, tender and tearful and dark, that is why thou lovest it, O thou spotless and serene. And that is why it may cover thy awful white light with its pathetic shadows.

68

당신의 햇살은 두 팔을 뻗어 제가 있는 이 지상으로 오십니다. 그래서 제 문 앞에 기나긴 세월 동안 서 계시며 저의 눈물, 한숨, 노래로 만들어진 구름을 당신의 발 아래 되돌리려 하십니다.

당신께서는 즐거운 마음으로 별처럼 반짝이는 당신 가슴을 안개 구름으로 겹겹이 싸고, 이를 수없는 모습으로 바꾸며 끝없이 변하는 색조로 물들이십니다.

그 천은 너무나 가볍고 너무나 얇고, 부드럽고 눈물을 머금고 있고 어둠을 간직하고 있습니다. 오 티 없고 고요한 당신이시여. 당신이 그 천을 사랑하시는 이유는 그 때문입니다. 그리고 그 천이 자신의 애처로운 그림자들로 당신의 대단한 흰 빛을 가릴 수 있는 것도 그 때문입니다.

69

The same stream of life that runs through my veins night and day runs through the world and dances in rhythmic measures.

It is the same life that shoots in joy through the dust of the earth in numberless blades of grass and breaks into tumultuous waves of leaves and flowers.

It is the same life that is rocked in the ocean-cradle of birth and of death, in ebb and in flow.

I feel my limbs are made glorious by the touch of this world of life. And my pride is from the life-throb of ages dancing in my blood this moment.

69

밤이나 낮이나 제 혈관 속을 흐르는 것과 똑같은 생명의 흐름이 온 세상을 관통하여 달리며 리듬에 맞춰 춤을 춥니다.

그 동일한 생명은 대지의 흙먼지를 통해 수없이 많은 풀잎들에서 기쁨으로 터지고, 잎과 꽃들의 떠들썩한 물결로 퍼져나갑니다.

그 동일한 생명은 삶과 죽음이라는 바다의 요람 속에서 밀물과 썰물로 흔들립니다.

저는 저의 팔과 다리가 이 생명의 세계가 어루만짐으로 영광스러워지는 것을 느낍니다. 그리고 저의 자부심도 이 순간 저의 핏속에서 춤추고 있는, 무수한 세월의 생명의 맥박으로부터 나옵니다.

70

Is it beyond thee to be glad with the gladness of this rhythm? to be tossed and lost and broken in the whirl of this fearful joy?

All things rush on, they stop not, they look not behind, no power can hold them back, they rush on.

Keeping steps with that restless, rapid music, seasons come dancing and pass away---colours, tunes, and perfumes pour in endless cascades in the abounding joy that scatters and gives up and dies every moment.

70

이 리듬의 즐거움에 기뻐하는 것이 당신의 한계를 넘어서는 것입니까? 이 두려운 기쁨의 소용돌이 안에서 흔들리고 길을 잃어 부서지는 것이?

온갖 것들이 밀려옵니다. 그것들은 멈추지 않으며, 뒤를 돌아보지도 않습니다. 어떤 힘도 그것들을 막을 수 없습니다. 그것들이 밀려듭니다.

그 멈출 줄 모르는 빠른 음악에 보조를 맞추어, 계절들이 춤을 추며 왔다가 지나갑니다. 빛깔, 선율, 향기가 매 순간 흩어지고 잦아지고 사라지는 풍부한 기쁨 안에 끝없는 폭포로 퍼부어집니다.

71

—◦◦◦—

That I should make much of myself and turn it on all sides, thus casting coloured shadows on thy radiance---such is thy maya.

Thou settest a barrier in thine own being and then callest thy severed self in myriad notes. This thy self-separation has taken body in me.

The poignant song is echoed through all the sky in many- coloured tears and smiles, alarms and hopes; waves rise up and sink again, dreams break and form. In me is thy own defeat of self.

This screen that thou hast raised is painted with innumerable figures with the brush of the night and the day. Behind it thy seat is woven in wondrous mysteries of curves, casting away all barren lines of straightness.

The great pageant of thee and me has overspread the sky. With the tune of thee and me all the air is vibrant, and all ages pass with the hiding and seeking of thee and me.

71

제가 저 자신을 소중히 여겨 그것을 사방으로 뿌리고, 그렇게 해서 다채로운 색상들을 당신의 영광 위에 드리우는 것, 이런 것이 당신의 마야*입니다.

당신께서는 자신의 존재 안에 벽을 만드시고, 나누어진 자신을 무수히 많은 곡조들로 노래합니다. 당신의 이런 조각 중 하나가 저의 몸이 됩니다.

가슴 저미는 노래는 여러 빛깔의 눈물과 웃음, 불안과 희망으로 온 하늘에 메아리칩니다. 파도들은 솟았다가 다시 가라앉고, 꿈들은 깨어졌다가 만들어집니다. 제 속에 당신 스스로의 패배가 있습니다.

당신께서 세워 놓은 이 화폭에 낮과 밤의 붓으로 수없이 많은 형상들이 그려집니다. 화폭 뒤에 있는 당신의 자리는 모든 삭막한 직선들을 제거한, 경이로운 곡선의 신비로 짜여진 당신의 자리가 있습니다.

당신과 제가 연출하는 멋진 공연이 하늘을 온통 뒤덮고 있습니다. 당신과 저의 음악으로 온 대기가 진동하고, 온 세월이 당신과 저의 숨바꼭질하는 가운데 흘러갑니다.

* 환영

72

He it is, the innermost one, who awakens my being with his deep hidden touches.

He it is who puts his enchantment upon these eyes and joyfully plays on the chords of my heart in varied cadence of pleasure and pain.

He it is who weaves the web of this maya in evanescent hues of gold and silver, blue and green, and lets peep out through the folds his feet, at whose touch I forget myself.

Days come and ages pass, and it is ever he who moves my heart in many a name, in many a guise, in many a rapture of joy and of sorrow.

72

그분께서는 그분의 깊고 신비한 어루만짐으로 저의
존재를 깨우시는 가장 내면의 분이십니다.

그분께서는 이 눈에 그분의 마법을 걸고 즐거움과
고통의 여러 가락으로 제 마음의 현을 즐겁게 연주하십
니다.

그분께서는 금색과 은색, 푸른색과 초록색의 미묘한
빛깔로 이 마야라는 그물을 짜시고, 그 그물의 주름 사
이로 그분의 발이 살짝 보이게 하십니다. 그 발에 닿으
면 저는 제 자신을 잊어버립니다.

날들이 왔다가 가고 세월이 흘러갑니다. 그분께서는
수많은 이름, 수많은 모습, 수많은 황홀한 기쁨과 슬픔
으로 항상 제 가슴을 뛰게 하십니다.

73

Deliverance is not for me in renunciation. I feel the embrace of freedom in a thousand bonds of delight.

Thou ever pourest for me the fresh draught of thy wine of various colours and fragrance, filling this earthen vessel to the brim.

My world will light its hundred different lamps with thy flame and place them before the altar of thy temple.

No, I will never shut the doors of my senses. The delights of sight and hearing and touch will bear thy delight.

Yes, all my illusions will burn into illumination of joy, and all my desires ripen into fruits of love.

73

구원은 저에게는 금욕에 있지 않습니다. 저는 천 개의 기쁨의 속박 속에서 자유의 포옹을 느낍니다.

당신께서는 항상 저에게 당신의 여러 색과 향을 지닌 신선한 와인을 흙으로 빚어진 이 잔이 넘치도록 부어주십니다.

저의 세계는 당신의 불꽃으로 수백 개의 서로 다른 등불을 밝혀 그것들을 당신 사원의 제단에 둘 것입니다.

아닙니다, 저는 저의 감각의 문들을 결코 닫지 않을 것입니다. 보고 듣고 만지는 즐거움은 당신의 즐거움을 지닐 것입니다.

네, 저의 모든 환영들은 기쁨의 빛으로 불타오를 것입니다. 저의 모든 욕망들은 사랑의 열매로 익어갈 것입니다.

74

The day is no more, the shadow is upon the earth. It is time that I go to the stream to fill my pitcher.

The evening air is eager with the sad music of the water. Ah, it calls me out into the dusk. In the lonely lane there is no passer-by, the wind is up, the ripples are rampant in the river.

I know not if I shall come back home. I know not whom I shall chance to meet. There at the fording in the little boat the unknown man plays upon his lute.

74

낮은 저물어 어둠이 대지 위에 내립니다. 물동이를
채우러 개울로 가야 할 시간입니다.

저녁 바람은 물의 슬픈 음악에 젖고 있습니다. 아,
그것이 저를 어스름으로 불러냅니다. 외로운 오솔길에
는 지나가는 사람이 없고, 바람이 높아지고, 강에서는
잔물결이 일렁입니다.

제가 집으로 다시 돌아오게 될지 저는 알지 못합니
다. 누구를 우연히 만나게 될지도 저는 알지 못합니다.
거기 얕은 여울에서 알 수 없는 이가 작은 배를 타고 그
의 류트를 연주하고 있습니다.

·oio·

Thy gifts to us mortals fulfil all our needs and yet run back to thee undiminished.

The river has its everyday work to do and hastens through fields and hamlets; yet its incessant stream winds towards the washing of thy feet.

The flower sweetens the air with its perfume; yet its last service is to offer itself to thee.

Thy worship does not impoverish the world.

From the words of the poet men take what meanings please them; yet their last meaning points to thee.

75

―о૮૭―

우리 필사의 존재들에게 주시는 당신의 선물은 우리
의 모든 필요를 채워주시고도 줄어들지 않고 다시 당신
에게로 돌아갑니다.

강은 매일 해야 할 일이 있어 들판과 작은 마을을 서
둘러 지나갑니다. 하지만 쉬지 않고 흐르는 강물은 당
신의 발을 씻기러 구불구불 흘러갑니다.

꽃은 향기로 대기를 달콤하게 합니다. 하지만 그것
이 마지막으로 하는 일은 자신을 당신에게 바치는 것입
니다.

당신께 드리는 예배는 세상을 궁핍하게 하지는 않습
니다.

시인의 말에서 사람들은 자신들을 기쁘게 하는 의미
를 취합니다. 하지만 시들의 마지막 뜻은 당신을 지향
하는 것입니다.

76

Day after day, O lord of my life, shall I stand before thee face to face? With folded hands, O lord of all worlds, shall I stand before thee face to face?

Under thy great sky in solitude and silence, with humble heart shall I stand before thee face to face?

In this laborious world of thine, tumultuous with toil and with struggle, among hurrying crowds shall I stand before thee face to face?

And when my work shall be done in this world, O King of kings, alone and speechless shall I stand before thee face to face?

76

----ᴏᵢᴏ----

매일 매일, 오, 제 생명의 주인이시여, 저는 얼굴을 마주하고 당신 앞에 서도 됩니까? 오, 온 세상의 주인이시여, 저는 손을 포갠 채 당신과 얼굴을 마주하고 당신 앞에 서도 됩니까?

당신의 위대한 하늘 아래 외롭고도 조용히, 겸손한 가슴으로 제가 얼굴을 마주하고 당신 앞에 서도 됩니까?

역경과 분투로 떠들썩한 당신의 이 고된 세상에서, 저는 분주한 사람들 틈에서 제가 얼굴을 마주하고 당신 앞에 서도 됩니까?

왕 중의 왕이시여, 이 세상에서의 저의 일이 끝나면 저는 홀로 말없이 얼굴을 마주하고 당신 앞에 서도 됩니까?

77

I know thee as my God and stand apart---I do not know thee as my own and come closer. I know thee as my father and bow before thy feet---I do not grasp thy hand as my friend's.

I stand not where thou comest down and ownest thyself as mine, there to clasp thee to my heart and take thee as my comrade.

Thou art the Brother amongst my brothers, but I heed them not, I divide not my earnings with them, thus sharing my all with thee.

In pleasure and in pain I stand not by the side of men, and thus stand by thee. I shrink to give up my life, and thus do not plunge into the great waters of life.

77

당신을 저의 신이라는 것을 알고 저는 거리를 두고 서 있습니다. 당신이 저 자신임을 알지 못하여 저는 가까이 다가갑니다. 당신을 저의 아버지로 알고 당신의 발 앞에 엎드립니다. 저는 당신의 손을 저의 친구의 손처럼 잡지 않습니다.

당신이 내려오셔서 당신 자신이 저의 것이라 말해주시는 장소에는, 당신을 제 가슴에 끌어안고 당신을 저의 친구로 맞아들이는 장소에는 저는 서 있지는 않습니다.

당신은 저의 형제들 가운데 형제이시지만, 저는 그들의 말은 듣지 않고, 저의 소득을 그들과 나누지도 않습니다. 이렇게 저의 모든 소득을 당신과 나누려고 할 뿐입니다.

즐거울 때도 고통스러울 때도, 저는 사람들 곁에 서 있지 않고 당신 곁에 서 있습니다. 저는 제 생명을 버리는 것을 겁내기에, 삶의 거대한 바다에 뛰어들지 못합니다.

When the creation was new and all the stars shone in their first splendour, the gods held their assembly in the sky and sang 'Oh, the picture of perfection! the joy unalloyed!'

But one cried of a sudden---'It seems that somewhere there is a break in the chain of light and one of the stars has been lost.'

The golden string of their harp snapped, their song stopped, and they cried in dismay---'Yes, that lost star was the best, she was the glory of all heavens!'

From that day the search is unceasing for her, and the cry goes on from one to the other that in her the world has lost its one joy!

Only in the deepest silence of night the stars smile and whisper among themselves---'Vain is this seeking! unbroken perfection is over all!'

78

창조의 초기에, 그리고 모든 별들이 처음으로 광채를 발하기 시작했을 때, 신들은 하늘에 모여 '오, 완벽한 그림! 순수한 기쁨이여!'라고 노래 불렀습니다.

하지만 한 명이 갑자기 외쳤습니다. '어딘가에서 빛의 고리가 끊어진 것 같다. 별 하나가 사라진 것 같다.'

그들 하프의 황금 줄은 끊어지고 노래는 멈추어졌습니다. 그들은 크게 실망하여 소리쳤습니다. '그렇다, 그 사라진 별은 최고의 별이었다. 그 별은 하늘의 영광이었다!'

그날부터 그 별을 찾는 일이 끊임없이 이어지고 있습니다. 그 별을 잃었기 때문에, 세상이 기쁨 하나를 잃었다는 울부짖음이 이곳에서 저곳으로 계속됩니다.

오직 밤의 가장 깊은 고요 속에서만 별들은 저희끼리 웃으며 속삭입니다. '헛되이 찾는군. 모든 것은 빈틈없는 완벽!'

--ojo--

*If it is not my portion to meet thee in this life
then let me ever feel that I have missed thy sight-
--let me not forget for a moment, let me carry
the pangs of this sorrow in my dreams and in my
wakeful hours.*

*As my days pass in the crowded market of this
world and my hands grow full with the daily
profits, let me ever feel that I have gained nothing-
--let me not forget for a moment, let me carry
the pangs of this sorrow in my dreams and in my
wakeful hours.*

*When I sit by the roadside, tired and panting,
when I spread my bed low in the dust, let me ever
feel that the long journey is still before me---let me
not forget a moment, let me carry the pangs of this
sorrow in my dreams and in my wakeful hours.*

When my rooms have been decked out and the

79

이 삶에서 당신을 만나는 것이 저의 운명이 아니라 해도 제가 당신의 모습을 그리워했다는 것을 언제나 느끼게 하소서. 이 슬픔의 고통을 제가 잠시라도 잊지 않게 하시고, 꿈에서나 깨어있는 시간에나 그것을 지니게 하소서.

이 세상의 혼잡한 시장 속에서 저의 날들이 지나고, 매일 번 것들로 저의 손이 그득할 때에, 제가 아무것도 얻지 못했다고 항상 느끼게 하소서. 이 슬픔의 고통을 제가 잠시라도 잊지 않게 하시고, 꿈에서나 깨어있는 시간에나 그것을 지니게 하소서.

제가 지치고 숨이 차서 길가에 앉아 있을 때, 흙바닥에 저의 잠자리를 펼 때, 아직도 제 앞에 긴 여정이 있다고 항상 느끼게 하소서. 이 슬픔의 고통을 제가 잠시라도 잊지 않게 하시고, 꿈에서나 깨어있는 시간에서나 그것을 지니게 하소서.

저의 방들이 장식되고 그곳에서 플루트 소리와 웃음소리가 크게 날 때, 당신을 저의 집에 초대하지 않았

*flutes sound and the laughter there is loud, let me
ever feel that I have not invited thee to my house-
--let me not forget for a moment, let me carry
the pangs of this sorrow in my dreams and in my
wakeful hours.*

음을 항상 느끼게 하소서. 이 슬픔의 고통을 제가 잠시라도 잊지 않게 하시고, 꿈에서나 깨어있는 시간에나 그것을 지니게 하소서.

80

I am like a remnant of a cloud of autumn uselessly roaming in the sky, O my sun ever-glorious! Thy touch has not yet melted my vapour, making me one with thy light, and thus I count months and years separated from thee.

If this be thy wish and if this be thy play, then take this fleeting emptiness of mine, paint it with colours, gild it with gold, float it on the wanton wind and spread it in varied wonders.

And again when it shall be thy wish to end this play at night, I shall melt and vanish away in the dark, or it may be in a smile of the white morning, in a coolness of purity transparent.

80

저는 하늘에서 덧없이 배회하는 한 조각의 가을 구름과도 같습니다, 오 언제나 영광스러운 저의 태양이시여! 저를 당신의 빛과 하나가 되도록 당신의 손길은 아직도 저의 망상을 녹이지 못하셨기에, 이렇게 저는 당신과 떨어져서 해와 달을 헤아리고 있습니다.

이것이 당신이 원하는 것이시고 이것이 당신의 유희이시라면, 저의 이 덧없는 공허함을 취하시어 그것을 색을 칠하시고 금박으로 입히소서. 그리고 변덕스러운 바람에 실어서 많은 경이로움으로 그것을 퍼뜨리십시오.

그리고 밤이 되어 이 유희를 끝내고자 하신다면, 저는 어둠 속으로 녹아 사라질 것입니다. 아니면 아침의 새하얀 미소 속으로, 아니면 순결하고 투명한 차가움 속으로 흔적도 없이 사라지려 합니다.

81

On many an idle day have I grieved over lost time. But it is never lost, my lord. Thou hast taken every moment of my life in thine own hands.

Hidden in the heart of things thou art nourishing seeds into sprouts, buds into blossoms, and ripening flowers into fruitfulness.

I was tired and sleeping on my idle bed and imagined all work had ceased. In the morning I woke up and found my garden full with wonders of flowers.

81

여러 헛되이 보낸 날들을 저는 잃어버린 시간이라 슬퍼했습니다. 하지만, 저의 주인이시여, 그것은 결코 잃어버린 것이 아닙니다. 당신께서는 당신 손으로 제 삶의 모든 순간을 잡아주셨습니다.

만물의 가슴속에 숨어계신 당신은 씨앗을 싹트게 하시고, 꽃봉오리가 활짝 꽃피우도록 하시며, 활짝 핀 꽃이 열매를 맺도록 키우고 계십니다.

저는 지쳐서 나른한 침대에서 잠이 들면서 모든 일이 멈추었다고 생각했습니다. 아침에 저는 잠이 깨었을 때 저의 정원이 꽃의 경이로움으로 가득함을 알았습니다.

82

Time is endless in thy hands, my lord. There is none to count thy minutes.

Days and nights pass and ages bloom and fade like flowers. Thou knowest how to wait.

Thy centuries follow each other perfecting a small wild flower.

We have no time to lose, and having no time we must scramble for a chances. We are too poor to be late.

And thus it is that time goes by while I give it to every querulous man who claims it, and thine altar is empty of all offerings to the last.

At the end of the day I hasten in fear lest thy gate to be shut; but I find that yet there is time.

82

저의 주인이시여, 당신 손에 있는 시간은 무한합니다. 당신의 순간순간을 셀 수 있는 사람은 아무도 없습니다.

낮과 밤이 지나가고 세월은 꽃과 같이 피고 시듭니다. 당신은 기다림을 알고 계십니다.

당신의 세월은 작은 야생화를 완벽하게 피우시면서 흘러갑니다.

우리는 충분한 시간이 없습니다. 시간이 없기에 우리는 기회를 잡으려고 다투어야 합니다. 우리는 너무나 가난하기에 지체할 수 없습니다.

이렇게 시간을 주장하며 불평하는 모든 사람들에게 시간을 주시는 사이에 시간은 흘러가고, 당신의 제단에 무엇 하나 올리지 못합니다.

하루가 저물 무렵 저는 당신의 문이 닫힐까 두려워 서둘렀습니다. 하지만 아직 여유가 있음을 알게 됩니다.

83

Mother, I shall weave a chain of pearls for thy neck with my tears of sorrow.

The stars have wrought their anklets of light to deck thy feet, but mine will hang upon thy breast.

Wealth and fame come from thee and it is for thee to give or to withhold them. But this my sorrow is absolutely mine own, and when I bring it to thee as my offering thou rewardest me with thy grace.

83

—◦ᴊᴏ—

어머니시여, 저의 슬픔의 눈물로 진주 목걸이를 엮어 당신의 목에 걸어드리려 합니다.

별들은 당신의 발을 장식하려 빛의 발찌를 만들었지만, 제가 만든 것은 당신의 가슴에 걸릴 것입니다.

부와 명예는 어머니에게서 나옵니다. 그것을 주는 것도 그것을 거두어들이는 것도 어머니이십니다. 하지만 저의 이 슬픔은 전적으로 저만의 것입니다. 그것을 저의 제물로 어머니께 드리면 어머니께서는 은총으로 보답하십니다.

84

It is the pang of separation that spreads throughout the world and gives birth to shapes innumerable in the infinite sky.

It is this sorrow of separation that gazes in silence all nights from star to star and becomes lyric among rustling leaves in rainy darkness of July.

It is this overspreading pain that deepens into loves and desires, into sufferings and joy in human homes; and this it is that ever melts and flows in songs through my poet's heart.

84

이별의 고통은 세상 곳곳에 퍼져 무한한 하늘에서 수많은 형상을 만들어냅니다.

이 이별의 슬픔은 밤새도록 이 별 저 별을 조용히 바라보고, 비 내리는 7월 어둠 속 바스락거리는 잎들 사이에서 서정시가 됩니다.

온통 뒤덮는 이 고통은 인간의 가정에서 사랑과 욕망, 괴로움과 기쁨이 깊어지게 합니다. 그리고 이것은 저의 시인 된 가슴을 통해 노래로 녹아 흐릅니다.

85

—◦i◦—

When the warriors came out first from their master's hall, where had they hid their power? Where were their armour and their arms?

They looked poor and helpless, and the arrows were showered upon them on the day they came out from their master's hall.

When the warriors marched back again to their master's hall where did they hide their power?

They had dropped the sword and dropped the bow and the arrow; peace was on their foreheads, and they had left the fruits of their life behind them on the day they marched back again to their master's hall.

85

—c⋅ɔ—

전사들이 그들의 주인의 방에서 처음 나올 때, 그들은 그들의 힘을 어디에 숨겨놓았을까? 그들의 갑옷과 무기들은 어디에 있었을까?

그들은 가련하고 무기력해 보였습니다. 주인의 방에서 나오던 날에 화살이 그들 위로 퍼부어졌습니다.

전사들이 다시 그들 주인의 방으로 행군해 돌아갈 때 그들은 그들의 힘을 어디에 숨겨놓을까?

그들은 검을 내려놓았고 활과 화살도 내려놓았습니다. 그들의 이마에는 평화가 있었습니다. 다시 그들의 주인의 방으로 행군하여 걸어 들어가는 날, 그들은 그들의 삶의 열매들을 그들 뒤에 남겼습니다.

86

Death, thy servant, is at my door. He has crossed the unknown sea and brought thy call to my home.

The night is dark and my heart is fearful---yet I will take up the lamp, open my gates and bow to him my welcome. It is thy messenger who stands at my door.

I will worship him placing at his feet the treasure of my heart.

He will go back with his errand done, leaving a dark shadow on my morning; and in my desolate home only my forlorn self will remain as my last offering to thee.

86

당신의 하인인 죽음이 제 문 앞에 있습니다. 그는 미지의 바다를 건너 저의 집에 당신의 부르심을 가져왔습니다.

밤은 어둡고 제 가슴은 두려움으로 가득합니다. 하지만 저는 등불을 들고 문을 열어, 그에게 절을 하며 환영할 것입니다. 저의 문 앞에 서 있는 그는 당신의 전령입니다.

저는 제 가슴의 보물을 그의 발 앞에 놓고 그를 예배할 것입니다.

그는 저의 아침에 어두운 그림자를 남겨 놓은 채 자신의 일을 다 마치고 돌아갈 것입니다. 저의 적막한 집에는 의지할 곳 없는 저의 고독한 자아만이 당신께 바치는 저의 마지막 예물로 남게 될 것입니다.

87

In desperate hope I go and search for her in all the corners of my room; I find her not.

My house is small and what once has gone from it can never be regained.

But infinite is thy mansion, my lord, and seeking her I have to come to thy door.

I stand under the golden canopy of thine evening sky and I lift my eager eyes to thy face.

I have come to the brink of eternity from which nothing can vanish---no hope, no happiness, no vision of a face seen through tears.

Oh, dip my emptied life into that ocean, plunge it into the deepest fullness. Let me for once feel that lost sweet touch in the allness of the universe.

87

간절한 희망을 가지고 저는 가서 제 방 모퉁이들에
서 그녀를 찾습니다. 저는 어디에도 그녀를 찾을 수 없
습니다.

저의 집은 작지만, 그곳에서 한 번 없어진 것은 다시
는 찾을 수 없습니다.

하지만 저의 주인이시여, 당신의 저택은 영원합니
다. 그녀를 찾으러 저는 당신의 문으로 가야만 합니다.

저는 당신의 저녁 하늘이 만든 황금 지붕 아래에 서
서, 저의 간절한 눈을 들어 당신의 얼굴을 봅니다.

저는 영원의 가장자리에 왔습니다. 이곳에서는 아무
것도 사라질 수 없습니다. 희망도 행복도, 눈물에 젖어
보던 얼굴 모습도.

오, 저의 공허한 삶을 저 바다에 잠기게 하소서. 그
래서 아주 깊은 충만 속으로 그것을 빠뜨리소서. 저로
하여금 우주의 완전함 속에서 잃어버린 그 감미로운 손
길을 다시 한 번 느끼게 하소서

88

Deity of the ruined temple! The broken strings of Vina sing no more your praise. The bells in the evening proclaim not your time of worship. The air is still and silent about you.

In your desolate dwelling comes the vagrant spring breeze. It brings the tidings of flowers---the flowers that for your worship are offered no more.

Your worshipper of old wanders ever longing for favour still refused. In the eventide, when fires and shadows mingle with the gloom of dust, he wearily comes back to the ruined temple with hunger in his heart.

Many a festival day comes to you in silence, deity of the ruined temple. Many a night of worship goes away with lamp unlit.

Many new images are built by masters of cunning art and carried to the holy stream of oblivion when

88

폐허가 된 사원의 신이시여! 끊어진 비나의 줄은 더이상 당신을 찬양하는 노래를 부르지 않습니다. 저녁종은 당신을 예배할 시간을 알려주지 않습니다. 당신을 둘러싼 공기는 고요하고 적막합니다.

당신의 적막한 거처에 정처없이 다니는 봄바람이 찾아옵니다. 당신을 섬기기 위해 더 이상 올려지지 않는 꽃 소식을 가지고 옵니다.

당신의 옛날 숭배자는 여전히 받지 못한 은총을 항상 바라며 방랑합니다. 저녁이 찾아와 불꽃과 그림자가 먼지의 어둠과 뒤섞이면, 그는 허기져서 폐허가 된 사원으로 지쳐 돌아옵니다.

폐허가 된 사원의 신이시여, 수많은 축제의 날들이 침묵 속에 당신께 옵니다. 수많은 예배의 밤들이 등불이 꺼진 채 떠납니다.

많은 새로운 신상들이 솜씨 좋은 장인들에 의해 만들어지지만, 때가 되면 신성한 망각의 강으로 실려갑니다.

their time is come.

Only the deity of the ruined temple remains unworshipped in deathless neglect.

폐허가 된 사원의 신만이 끝없는 방치 속에 예배를
받지 못한 채 남아 있습니다.

89

No more noisy, loud words from me---such is my master's will. Henceforth I deal in whispers. The speech of my heart will be carried on in murmurings of a song.

Men hasten to the King's market. All the buyers and sellers are there. But I have my untimely leave in the middle of the day, in the thick of work.

Let then the flowers come out in my garden, though it is not their time; and let the midday bees strike up their lazy hum.

Full many an hour have I spent in the strife of the good and the evil, but now it is the pleasure of my playmate of the empty days to draw my heart on to him; and I know not why is this sudden call to what useless inconsequence!

89

저의 입에서는 더 이상 시끄럽고 요란한 말들이 나오지 않습니다. 그것이 저의 주인의 뜻이십니다. 이제부터 저는 낮은 소리로 말합니다. 제 가슴의 말은 노래의 속삭임으로 전달될 것입니다.

사람들은 서둘러 왕의 시장으로 갑니다. 사고파는 세상의 모든 이들이 그곳에 있습니다. 그러나 저는 한낮에, 세상의 일이 가장 바쁠 때, 때에 맞지 않게 떠납니다.

그러니 철이 아닐지라도 저의 정원에서 꽃들이 피어나게 하시고, 한낮의 벌들이 느긋이 윙윙거리게 하소서.

너무나 많은 시간을 저는 선과 악의 갈등으로 보냈습니다. 그러나 이제는 비어있는 날들의 제 놀이친구가 제 마음을 그에게 끄는 것을 즐깁니다. 그러나 저는 왜 무익한 일에 갑작스럽게 나오게 되었는지 그 이유를 알지 못합니다!

90

On the day when death will knock at thy door
what wilt thou offer to him?

Oh, I will set before my guest the full vessel of
my life---I will never let him go with empty hands.

All the sweet vintage of all my autumn days and
summer nights, all the earnings and gleanings of
my busy life will I place before him at the close of
my days when death will knock at my door.

90

죽음이 그대의 문을 두드리는 날에 그대는 그에게
무엇을 바칠 것인가?

오, 저는 저의 손님 앞에 가득 찬 제 생명의 그릇을
내어 놓을 것입니다. 저는 결코 그를 빈손으로 보내지
않을 것입니다.

저의 모든 가을날 낮과 여름날 밤들에서 숙성된 달
콤한 포도주를, 제 바쁜 삶에서 벌어들이고 모은 모든
것들을 저는 그 앞에 내어 놓을 것입니다, 죽음이 제 문
을 두드리는 저의 생명이 다하는 날에.

91

O thou the last fulfilment of life, Death, my death, come and whisper to me!

Day after day I have kept watch for thee; for thee have I borne the joys and pangs of life.

All that I am, that I have, that I hope and all my love have ever flowed towards thee in depth of secrecy. One final glance from thine eyes and my life will be ever thine own.

The flowers have been woven and the garland is ready for the bridegroom. After the wedding the bride shall leave her home and meet her lord alone in the solitude of night.

91

오 그대, 삶의 마지막 완성인 그대, 죽음, 제 죽음이여, 와서 저에게 속삭여 주소서!

저는 매일매일 그대를 지켜보았습니다. 그대를 위해 저는 삶의 기쁨과 고통을 견뎌 냈습니다.

제가 존재하고, 제가 가지고, 제가 바라는 모든 것과 제 모든 사랑은 아주 비밀스럽게 늘 그대에게로 흘러갔습니다. 당신 눈에서 나온 마지막 한 번의 눈길에 저의 생명은 영원히 당신의 것이 될 것입니다.

꽃들이 엮어지고 신랑을 위한 화환이 준비되었습니다. 결혼식이 끝나면 신부는 집을 떠나 고독한 밤에 홀로 그녀의 주인을 만날 것입니다.

92

I know that the day will come when my sight of this earth shall be lost, and life will take its leave in silence, drawing the last curtain over my eyes.

Yet stars will watch at night, and morning rise as before, and hours heave like sea waves casting up pleasures and pains.

When I think of this end of my moments, the barrier of the moments breaks and I see by the light of death thy world with its careless treasures. Rare is its lowliest seat, rare is its meanest of lives.

Things that I longed for in vain and things that I got---let them pass. Let me but truly possess the things that I ever spurned and overlooked.

92

제가 이 땅을 보는 제 시력을 잃을 날이 올 것이라는 것을, 생명이 제 두 눈 위로 마지막 커튼을 끌어당기며 침묵 속에 떠나는 날이 올 것이라는 것을 저는 압니다.

하지만 별들은 밤에 지켜볼 것이고, 아침은 예전처럼 떠오를 것이며, 시간은 즐거움과 고통을 토하며 바다의 파도들처럼 들썩거릴 것입니다.

제 시간들의 마지막 순간에 대해 생각할 때면, 시간의 장벽이 무너지고 저는 죽음의 빛에 의지해 무관심한 보물들이 있는 당신의 세상을 봅니다. 그곳에서는 가장 낮은 자리도 멋있고, 가장 미천한 삶도 멋있습니다.

제가 헛되이 갈망했던 것들과 제가 소유하고 있는 것들, 그것들이 지나가게 하소서. 단지 제가 늘 거절하고 눈 감았던 것들을 진정으로 가지게 하소서.

93

---ⴲ---

I have got my leave. Bid me farewell, my brothers! I bow to you all and take my departure.

Here I give back the keys of my door---and I give up all claims to my house. I only ask for last kind words from you.

We were neighbours for long, but I received more than I could give. Now the day has dawned and the lamp that lit my dark corner is out. A summons has come and I am ready for my journey.

93

저는 떠날 허락을 얻었습니다. 형제들이여 작별 인사를 해 주십시오! 저는 그대들 모두에게 절을 하고 저의 길을 떠납니다.

여기에 제 집의 열쇠를 돌려드립니다. 그리고 저는 제 집에 대한 모든 권리를 포기합니다. 저는 단지 그대들로부터 마지막 친절의 말을 청합니다.

우리는 오랫동안 이웃이었으나 저는 줄 수 있는 것보다 더 많은 것을 받았습니다. 이제 날이 밝았고 제 어두운 모퉁이를 밝혀 주던 등불도 꺼졌습니다. 부름이 당도했고 저는 제 여행을 할 준비가 되었습니다.

94

At this time of my parting, wish me good luck, my friends! The sky is flushed with the dawn and my path lies beautiful.

Ask not what I have with me to take there. I start on my journey with empty hands and expectant heart.

I shall put on my wedding garland. Mine is not the red-brown dress of the traveller, and though there are dangers on the way I have no fear in mind.

The evening star will come out when my voyage is done and the plaintive notes of the twilight melodies be struck up from the King's gateway.

94

‐ₒᵋₒ‐

친구들이여, 이 작별의 시간에 제게 행운을 빌어 주오! 하늘은 동이 터 붉어지고 제 길은 아름답게 펼쳐져 있다.

그곳에 가는데 제가 무엇을 가지고 가는지 묻지 말라. 저는 빈손과 기대에 부푼 마음으로 제 여정을 시작한다.

저는 결혼 화환을 두를 것이다. 제 옷은 여행자들이 입는 적갈색 옷이 아니다. 가는 길에 위험이 있을지라도 제 마음에 두려움은 없다.

제 여정이 끝나면 저녁별이 뜰 것이다. 황혼의 슬픔을 자아내는 선율이 왕궁의 문에서 울릴 것입니다.

95

I was not aware of the moment when I first crossed the threshold of this life.

What was the power that made me open out into this vast mystery like a bud in the forest at midnight!

When in the morning I looked upon the light I felt in a moment that I was no stranger in this world, that the inscrutable without name and form had taken me in its arms in the form of my own mother.

Even so, in death the same unknown will appear as ever known to me. And because I love this life, I know I shall love death as well.

The child cries out when from the right breast the mother takes it away, in the very next moment to find in the left one its consolation.

95

저는 이 삶의 문지방을 처음으로 건넜던 순간을 알아차리지 못합니다.

한밤중 숲에서의 꽃봉오리가 하나 열리듯 이 광대한 신비를 향해 열리게 만든 그 힘은 무엇이었습니까?

아침에 햇빛을 바라봤을 때, 저는 제가 이 세상에서 이방인이 아님을, 이름과 형상이 없는 불가해한 분께서 저의 어머니의 모습으로 저를 팔에 안고 있음을 금방 느꼈습니다.

죽음에 이르러서도 마찬가지로 제가 늘 알아 왔던 것과 같이 꼭 같은 미지의 존재가 나타날 것입니다. 그리고 제가 이 삶을 사랑하기에, 저는 죽음 또한 사랑할 것임을 압니다.

아기는 어머니의 오른쪽 젖가슴에서 떼어내면 큰 소리로 울지만, 곧바로 왼쪽 젖가슴에서 자신의 위안을 찾습니다.

96

—ଡ଼ିଚ୍ଚ—

When I go from hence let this be my parting word, that what I have seen is unsurpassable.

I have tasted of the hidden honey of this lotus that expands on the ocean of light, and thus am I blessed---let this be my parting word.

In this playhouse of infinite forms I have had my play and here have I caught sight of him that is formless.

My whole body and my limbs have thrilled with his touch who is beyond touch; and if the end comes here, let it come---let this be my parting word.

96

제가 이곳을 떠날 때, 제가 보았던 것이 최고였다고 하는 것이 저의 작별의 말이 되게 하소서.

저는 빛의 바다에 퍼져 있는 이 연꽃에 숨겨져 있는 꿀을 맛보았으니 저는 이렇게 축복을 받았습니다. 이것이 저의 작별의 말이 되게 하소서.

무수한 형상들로 가득한 이 극장에서 저는 저의 배역을 했습니다. 여기에서 저는 형상이 없는 분의 모습을 보았습니다.

저의 온몸과 팔다리는 어루만짐의 한계를 넘어서는 그분의 손길에 전율했습니다. 그리고 마지막이 여기로 온다면, 그것이 오게 하소서. 이것이 저의 작별의 말이 되게 하소서.

97

When my play was with thee I never questioned who thou wert. I knew nor shyness nor fear, my life was boisterous.

In the early morning thou wouldst call me from my sleep like my own comrade and lead me running from glade to glade.

On those days I never cared to know the meaning of songs thou sangest to me. Only my voice took up the tunes, and my heart danced in their cadence.

Now, when the playtime is over, what is this sudden sight that is come upon me? The world with eyes bent upon thy feet stands in awe with all its silent stars.

97

저는 당신과 유희를 할 때 당신이 누구이신지 결코 묻지 않았습니다. 저는 수줍음도 두려움도 알지 못했습니다. 저의 삶은 활기가 넘쳤습니다.

이른 아침 당신은 저의 친구처럼 저를 잠에서 불러내어 숲속의 빈터 여기저기를 달리며 데리고 다녔습니다.

그 당시에는 당신이 저에게 불러주셨던 노래의 의미를 알려고 하지 않았습니다. 단지 저의 목소리는 그 노래를 따라 했고, 저의 가슴은 그 노래의 운율에 맞춰 춤을 추었을 뿐입니다.

유희 시간이 끝난 지금, 저의 두 눈 앞에 나타난 이 갑작스러운 광경은 무엇입니까? 당신의 발을 내려다보는 세상이 소리 없는 별들과 더불어 두려운 마음으로 멈추고 있습니다.

98

I will deck thee with trophies, garlands of my defeat. It is never in my power to escape unconquered.

I surely know my pride will go to the wall, my life will burst its bonds in exceeding pain, and my empty heart will sob out in music like a hollow reed, and the stone will melt in tears.

I surely know the hundred petals of a lotus will not remain closed for ever and the secret recess of its honey will be bared.

From the blue sky an eye shall gaze upon me and summon me in silence. Nothing will be left for me, nothing whatever, and utter death shall I receive at thy feet.

－◎◎◎－

　저는 제 패배의 전리품과 화환으로 당신을 꾸밀 것
입니다. 정복당하지 않고 달아나는 것은 결코 제 능력
이 아닙니다.

　저의 자부심이 벽에 부딪치리라는 것을, 제 삶이 엄
청난 고통에 그것의 속박을 터뜨릴 것이라는 것을, 제
텅 빈 가슴은 속이 빈 갈대처럼 음악으로 흐느끼리라는
것을, 돌은 눈물을 흘리며 녹아내릴 것을 저는 분명히
압니다.

　수백 개의 연꽃잎이 영원히 닫힌 채로 있지 않고, 그
꿀을 간직한 비밀스러운 장소도 다 드러날 것이라는 것
을 저는 분명히 압니다.

　푸른 하늘에서 눈 하나가 저를 응시하다가 침묵으로
저를 소환합니다. 아무것도 저에게 남지 않을 것입니
다. 아무것도. 저는 당신의 발밑에서 완전한 죽음을 받
아들일 것입니다.

99

When I give up the helm I know that the time has come for thee to take it. What there is to do will be instantly done. Vain is this struggle.

Then take away your hands and silently put up with your defeat, my heart, and think it your good fortune to sit perfectly still where you are placed.

These my lamps are blown out at every little puff of wind, and trying to light them I forget all else again and again.

But I shall be wise this time and wait in the dark, spreading my mat on the floor; and whenever it is thy pleasure, my lord, come silently and take thy seat here.

99

제가 배의 키를 포기할 때, 당신께서 키를 맡을 때가 왔음을 알게 됩니다. 이루어져야 하는 일은 즉시 이루어질 것입니다. 저항은 헛됩니다.

그렇다면 저의 마음이여, 너의 손을 거두고 조용히 너의 패배를 받아들여라. 네게 주어진 곳에 온전히 조용히 앉아 있는 것을 그대의 행운으로 여겨라.

저의 이 등불들은 매번 작은 한 줄기의 바람에도 꺼집니다. 저는 그것들에 불을 붙이려고 애쓰느라 다른 모든 일들을 계속해서 잊어버립니다.

하지만 이번에는 현명하게, 바닥에 자리를 펴고 어둠 속에서 기다릴 것입니다. 그리고 저의 주인이시여, 당신이 원하실 때면 언제든 소리 없이 오셔서 여기 당신의 자리에 앉으십시오.

100

I dive down into the depth of the ocean of forms, hoping to gain the perfect pearl of the formless.

No more sailing from harbour to harbour with this my weather- beaten boat. The days are long passed when my sport was to be tossed on waves.

And now I am eager to die into the deathless.

Into the audience hall by the fathomless abyss where swells up the music of toneless strings I shall take this harp of my life.

I shall tune it to the notes of forever, and when it has sobbed out its last utterance, lay down my silent harp at the feet of the silent.

100

저는 형상 없는 존재라는 완벽한 진주를 얻기를 희망하며, 무수한 형상들이 있는 바다의 깊은 곳으로 뛰어듭니다.

저의 풍파를 겪은 이 배로 더 이상 이 항구에서 저 항구로 항해하지 않습니다. 파도들에 이리저리 흔들리던 저의 즐거움이었던 날들은 오래전에 지나갔습니다.

이제 저는 죽어서 불사의 존재가 되기를 간절히 바랍니다.

현들을 퉁기지 않았는데도 음악이 퍼지는 곳인 깊이를 알 수 없는 심연 속 접견장으로, 저는 제 생명의 하프를 가지고 갈 것입니다.

저는 영원의 곡조에 맞춰 제 악기를 조율할 것입니다. 그것이 흐느끼며 최후의 곡을 연주한 후, 저의 침묵하는 하프를 침묵의 분의 발아래 내려놓을 것입니다.

101

Ever in my life have I sought thee with my songs. It was they who led me from door to door, and with them have I felt about me, searching and touching my world.

It was my songs that taught me all the lessons I ever learnt; they showed me secret paths, they brought before my sight many a star on the horizon of my heart.

They guided me all the day long to the mysteries of the country of pleasure and pain, and, at last, to what palace gate have the brought me in the evening at the end of my journey?

101

온 생애 동안 저는 항상 노래로 당신을 찾았습니다. 이 문에서 저 문으로 저를 이끈 것은 저의 노래였습니다. 그 노래들로 저는 제 세상을 찾고 만졌고, 저에 대해 느꼈습니다.

제가 배웠던 모든 것들을 제게 가르쳐 준 것은 저의 노래였습니다. 저에게 비밀의 길을 보여주었고, 제 가슴의 지평선 위에 뜬 수많은 별들을 제 눈앞에 가져다 준 것은 저의 노래였습니다.

저의 노래는 긴 긴 날을 기쁨과 고통의 신비한 나라로 저를 안내했습니다. 저의 노래는 마침내 제 여정의 마지막 날 저녁에 저를 어느 궁전의 문 앞으로 데려갈까요?

102

I boasted among men that I had known you. They see your pictures in all works of mine. They come and ask me, 'Who is he?' I know not how to answer them. I say, 'Indeed, I cannot tell.' They blame me and they go away in scorn. And you sit there smiling.

I put my tales of you into lasting songs. The secret gushes out from my heart. They come and ask me, 'Tell me all your meanings.' I know not how to answer them. I say, 'Ah, who knows what they mean!' They smile and go away in utter scorn. And you sit there smiling.

102

저는 당신을 알았다고 사람들에게 자랑했습니다. 그들은 저의 모든 작품들에서 당신의 모습을 봅니다. 그들은 저에게 와서 묻습니다, '그는 누구입니까?' 저는 그들에게 뭐라고 대답해야 할지 모릅니다. 저는 말합니다, '실은, 말할 수 없습니다.' 그들은 저를 비난하고 멸시하면서 가 버립니다. 그리고 당신은 미소를 지으시면서 그곳에 앉아 계십니다.

저는 당신에 대한 저의 이야기들을 계속되는 노래로 표현합니다. 그 비밀이 제 가슴으로부터 쏟아져 나옵니다. 그들은 저에게 와서 묻습니다, '당신이 의미하는 모든 것을 다 말해주세요' 저는 그들에게 뭐라 말해야 할지 모릅니다. 저는 말합니다, '아, 누가 그 노래들이 무슨 의미인지 알겠습니까?' 그들은 웃으며 완전히 멸시하면서 가 버립니다. 그리고 당신께서는 미소를 지으시면서 그곳에 앉아 계십니다.

103

In one salutation to thee, my God, let all my senses spread out and touch this world at thy feet.

Like a rain-cloud of July hung low with its burden of unshed showers let all my mind bend down at thy door in one salutation to thee.

Let all my songs gather together their diverse strains into a single current and flow to a sea of silence in one salutation to thee.

Like a flock of homesick cranes flying night and day back to their mountain nests let all my life take its voyage to its eternal home in one salutation to thee.

103

저의 신이시여, 당신에 대한 경배로 저의 모든 감각
들을 펼쳐 당신의 발에 있는 이 세상을 어루만지게 하
소서.

7월의 비구름이 아직 내리지 않은 소나기의 짐을 안
고 낮게 드리워져 있듯이, 제 마음 전부를 당신에 대한
경배로 당신의 문 앞에 굴복시키게 하소서.

제 모든 노래의 여러 선율들이 하나의 흐름으로 한
데 모여 당신에 대한 경배로 침묵의 바다로 흘러들게
하소서.

학의 무리들이 고향을 그리워하여 밤낮으로 날아올
라 산에 있는 둥지로 돌아가듯이, 제 모든 삶이 당신에
대한 경배로 영원한 집으로 가는 항해가 되게 하소서.

3. 옮긴이의 말

젊은 날에 영혼을 울린
두 권의 책이 있었다.
한권은 헤르만 헷세의 데미안이었다.
다 읽었다.

그 소설에서
"새는 알에서 나오려고 투쟁한다.
그 알은 세상이다."
알은 알로 있는 한
새는 없다.
나는 그 말에 너무나 감동을 받았다.
그러한 경지가
인간에게 있다는 말에 충격을 받았다.

또 한권의 책은 타고르의 기탄잘리였다.
1번의 시를 읽는데

"갈대피리"란 단어를 접하고
더 이상 읽지 못했다.

세월은 흘러 서울역 앞
아름다운 대기업 사옥에서 근무했다.
믿음이 가는 분에게 물어보았다.
"제가 이 직업을 계속 가져도 될까요?"
그분의 답은
손가락까지 튕기면서
"아니요."

남산의 국립국악원으로 가서 단소를 배웠다.
단소를 들고
나는 떠날 것이다.
나도 모르는 곳으로.....

수덕사로, 강원도로, 제주시로, 서귀포로, 부산으로,
창원으로, 다솔사로, 송광사로, 인도의 뉴델리로, 알란
디로, 이가타푸리로, 푸네로, 봄베이로, 브린다반으로,
아루나찰라로, 오로빌로, 타고르 마을 샨티 니케탄으

로, 콜카타로, 하리드와르로.

하리드와르의 갠지스강가에서
어느 분이요
저를 사라지게 한 뒤
무엇을 보여주셨어요.

여정을 서둘러 멈추고
일터로 돌아왔다.

이제는 은퇴하고
시골집에서 기거한다,

붉은 파인애플 세이지의 꽃들이
만발한 공터에 앉아
기탄잘리를 마저 읽다가
나의 기탄잘리를 만들고 싶었다.

2020년 11월

기탄잘리

개정판발행　2023년 10월 18일

지 은 이　라빈드라나트 타고르
옮 긴 이　김병채

펴 낸 이　황정선
출판등록　2003년 7월 7일 제62호
펴 낸 곳　슈리 크리슈나다스 아쉬람
주　　소　경상남도 창원시 의창구 북면 신리길 35번길 12-9
대표전화　(055) 299-1399
팩시밀리　(055) 299-1373

전자우편　krishnadass@hanmail.net
카　　페　http://cafe.daum.net/Krishnadass

ISBN　978-89-91596-90-0　(03270)

* 잘못 만들어진 책은 바꾸어 드립니다.

지은이

라빈드라나트 타고르

1861년 인도 콜카타의 명문가에서 태어남.
 아버지 데벤드라나트의 사상적 영향을 받음.
1883년 바바타라니와 결혼
1887년 잡지 사다나 창간
1901년 그가 생각하는 최고의 스승은 자연. 샨티니케탄에 숲 명상 방식
 의 학교를 세움. 비슈바바라띠 대학의 전신이 됨.
1912년 벵골 언어로 기탄잘리 출간
1913년 동양 최초로 노벨문학상 수상
1915년 영국에서 기사 작위를 받음
1941년 세 상을 떠남. 300권의 저술을 남김.
 문학가, 철학가, 음악가, 화가, 극작가, 사상가.
 인도의 국민 시인.

옮긴이 김 병 채